U0503206

［历史文化名楼］

城隍阁

《城隍阁》编委会 编著

文物出版社

图书在版编目（CIP）数据

城隍阁 / 《城隍阁》编委会编著. —北京：文物出版社，2012.9（2018.12重印）
（中华历史文化名楼）

ISBN 978-7-5010-3521-2

Ⅰ.①城… Ⅱ.①城… Ⅲ.①楼阁—介绍—杭州市—现代 Ⅳ.①K928.8

中国版本图书馆CIP数据核字（2012）第192376号

中华历史文化名楼
城隍阁

编　　著：《城隍阁》编委会
责任编辑：周兰英
重印编辑：李　睿
责任印制：陈　杰
封面设计：薛　宇

出版发行：文物出版社
社　　址：北京市东直门内北小街2号楼
邮　　编：100007
网　　址：http://www.wenwu.com
邮　　箱：web@wenwu.com
经　　销：新华书店
印　　刷：文物出版社印刷厂
开　　本：787×1092　1/16
印　　张：10.75
版　　次：2012年9月第1版
印　　次：2018年12月第2次印刷
书　　号：ISBN 978-7-5010-3521-2
定　　价：50.00元

本书版权独家所有，非经授权，不得复制翻印

《中华历史文化名楼》丛书编辑委员会

主　编：邹律资

执行主编：张国保　李建平

编　委：（按姓氏笔画排列）

　　　　　冯子云　包　静　叶增奎　李安健　李建平

　　　　　邹律资　张少林　张国保　徐　忠　黄二良

　　　　　寇润平　韩剑峰　虞浩旭　霍学进

《城隍阁》编辑委员会

主　　编：刘　颖

执行主编：包　静　范乐东

编　　委：孙　喆　高小辉　孙德荣　王宏伟　吕雄伟

　　　　　童国亮　徐　飞　邓志平　王　勤　潘坚英

　　　　　赵勤建　吕　昂　朱杭江

编　　务：麻剑辉　金　蔚

撰　　文：陆　均　孙　琛

摄　　影：孙小明　黄志明

目　录

　　吴山，俗称城隍山，位于杭州市区南部。钟灵毓秀，人文荟萃，地近闹市，与市井凡尘相亲相融，独占湖山之胜与登临之便。1985年在杭州新西湖十景评选中，被冠以"吴山天风"的美称。城隍阁飞檐斗拱，似仙山耸立于吴山之巅，为杭州一大标志性景观。城隍阁为七层建筑，高41.6米，面积3789平方米，整体造型具有南宋建筑风格。一楼二楼集中展示了杭州的南宋文化、吴越文化。其中，位于一楼大厅陈列的大型"硬木彩塑画"《南宋杭城风情图》，集雕、刻、塑、编、扎等多种传统工艺表现手法与技艺，选取历史上最辉煌的南宋为时代背景，采用三维空间的透视效果，集中描绘"一色楼台三十里，不知何处觅孤山"的繁华景象，并对当时杭州的皇城宫阙，官署民舍，街巷河桥以及社会各阶层的日常文化活动场景作了详尽的描述，曾荣获中国美术百花奖一等奖。三至六楼则以观景、休闲为主要功能。登上高耸飞动的城隍阁，可北望西湖，东观市景，南眺钱江，西览群峰，其景其情，盖明代徐渭一语道尽：八百里湖山知是何年图画，十万家烟火尽归此处楼台！此外，城隍阁景区还包括吴越文化石刻广场、周新祠、文昌阁、大戏台、诗碑廊、大观台等景点。

前　言

　　杭州独特的地理环境与水光潋滟的西子湖，自五代吴越时就获得了"东南第一州"、"人间天堂"、"华贵天城"的美称。

　　当世纪之交，为发掘古都文化，重新思考城市自身的历史文化渊源和个性特征，为古都正确定位，把握好城市建设中体现大杭州传统文化之精髓与现代人的审美情趣，努力为后人留下有价值的历史文化遗迹和保存更多的历史信息，予后人以启发与思考，是当今杭州人面临的历史责任。

　　20世纪90年代，随着杭州市国民经济综合实力的不断提高，杭州的旅游事业也得到了空前的发展，市政府提出"游在杭州"的口号深入人心，影响深远。以城隍阁为核心的吴山景区的综合整治工程被列为政府的重点工程。

　　1998年吴山景区的综合保护和利用，以城隍阁为重点的一期工程开工建设，工程包括上山道、停车场、吴越文化石刻广场、古树平台、城隍阁、周新祠（城隍庙）、仪门、文昌阁、戏台、碑亭、龙神庙、大观台及配套

设施酒仙楼餐厅等。经过建设者两年努力奋战，雄姿显现，2000 年初正式
对外开放。

应运而生

左控长江右控湖，万家烟火接康衢。

偶来绝顶凭虚望，似向云霄展画图。

城隍阁全景

这是人们对城隍阁的称颂。

杭州是中国七大古都之一，是国家命名的第一批历史文化名城。

杭州西湖"三面云山一面城"，杭州因湖而名，依湖而胜。如果说西湖是杭州的美丽的眼睛，那么三面青翠的层峦叠嶂正如衬托红花的绿叶一般，而点缀其间的塔阁等则如闪烁的明珠一般，为湖山增色不少，凭添了几分人文之气。

杭州与西湖的繁盛，起于唐代，历吴越，至南宋定都杭州（临安）时，这种繁华达到了顶点。杭州是当时中国最富庶、繁荣的城市，这种繁荣延续了千年。

由于历史的原因，西湖景区的旅游一直处于"南冷北热"的局面。而杭州城市布局恰恰是"城在东，湖在西，历史文化在南面"。在雷峰塔未复建时，西湖北山的保俶塔独立湖山，颇为寂寞与单调。同时杭州作为一个历史文化名城，长期以来一直缺乏一个标志性的建筑。为改变这一现状，市政府将城隍阁的建设列为重点工程。城隍阁既为西湖南山增添了新的景点，又和谐了整个湖山的格局，使西湖南线人文景观有了一个重头。

为使城隍阁景区的建设有个高起点，杭州市园文局在1998年3月邀请东南大学、杭州园林设计院、浙江大学、清华大学、天津大学等5家国内著名的权威设计单位参加城隍阁景区的设计竞标，邀请了国内外诸多专家予以评审、补充和修改。杭州市政府对城隍阁建设方案的选择，可以说是集中了天时地利人和诸要素后的一项迎接新世纪的重大决策。1998年，以城隍阁为重点的一期工程开工建设，经过建设者两年的努力奋战，2000年年初城隍阁巍然耸立在城隍山之巅，一举成为杭城和西湖标志性的建筑。

第一篇　城隍阁及城隍阁景区

一、城隍阁选址

　　吴山又名城隍山，位于杭州市区南部，钟灵毓秀，人文荟萃。

　　吴山是西湖南部凤凰山余脉伸入城内而形成的山体，属碳酸盐岩构成的低丘。这也是西湖群山中唯一揳入市区的山。

　　吴山山势平缓，由西南至东北绵亘成一条弧形丘岗。由云居山、紫阳山、七宝山、金地山、粮道山、伍公山等诸小山头连接而成，海拔近百米。

　　吴山南起于万松岭，北依伍公山、粮道山，下临大井巷、河坊街、鼓楼；中为金地山，东南是紫阳山，毗邻十五奎巷、太庙广场及中山南路；西傍云居山、七宝山，下接四宜路、清波街，旁近南山路，遥对西湖。

　　当西湖尚是一个浅海湾时，那时山临江海，渔人都在这里捕鱼晒网，俗称"晾网山"。春秋时，此地是吴国的南界，故称"吴山"，又因山上建有祭祀吴国大夫伍子胥的伍公庙，也称"胥山"。

　　西湖是大自然赋予我们的宝贵财富，在漫长的岁月里，西湖经历了由

吴山紫阳山顶的江湖汇观亭

钱塘江口的浅海湾发展成潟湖，最终成为内陆湖的地质演变过程。在杭州还是一片汪洋时，吴山和北面的宝石山则是海湾中的两个岬角。今日的城隍阁就矗立在一个岬角之上，可以说是西湖沧海桑田历史演进的见证。

吴山襟江带湖，下临闹市清河坊、大井巷、延安路。优越的地理位置，使它独占湖山之胜、登临之便。登吴山，城南、西、北的层峦叠嶂遥遥在目，青翠如染；俯视西湖，清晰如画，似可一掬；东可远眺如虹钱江，滚滚东去；北面则是繁花似锦的市廛。故前人曾于紫阳山顶的"江湖汇观"亭上，截明人徐渭绍兴府山城隍庙联以赞：

> 八百里湖山，知是何年图画。
>
> 十万家烟火，尽归此处楼台。

如今，位于城隍山之巅的城隍阁已是眺望江湖山城的最佳之处。

相传北宋人柳永登吴山赏湖山美景，曾赋有《望海潮》一词，咏尽杭城及西湖美景，一时广为流传。后传入北国，引起金主完颜亮的垂涎，遂起投鞭渡江，"立马吴山第一峰"之意，从此开始不断侵扰中原及江南。

附：《望海潮》[宋]柳永

东南形胜，三吴都会，钱塘自古繁华。烟柳画桥，风帘翠幕，参差十万人家。云树绕堤沙。怒涛卷霜雪，天堑无涯。市列珠玑，户盈罗绮、竞豪奢。重湖叠巘清佳。有三秋桂子，

朱熹所题"吴山第一峰"摩崖石刻

十里荷花。羌管弄晴，菱歌泛夜，嬉嬉钓叟莲娃。千骑拥高牙，乘醉听箫鼓，吟赏烟霞。异日图将好景，归去凤池夸。

明人吴敬梓在他的著名小说《儒林外史》中，也有一段城隍山上看西湖的精彩描绘："走上去，一个大庙，甚是巍峨，便是城隍庙……一步步上去走到山冈上，左边望着钱塘江，明明白白。那日江上无风，水平如镜，过江的船，船上有轿子，都看得明白。再走上些，右边又看得见西湖，雷峰一带、湖心亭都望见，那西湖里打鱼船，一个一个如小鸭子浮在水面。"

吴山植被良好，以常绿阔叶林为主，多古树名木。岩体露出部分厚度及硬度均适中，较适合于镌刻，故昔日多造像与摩崖。

吴山是西湖群山中较早得到关注和开发的一座。它见证了春秋时的"吴"、"越"争霸、五代时"吴越国"的立国、南宋时的建都。南宋时，吴山及其周边的"清河坊"和中山路一带得到了最大的开发，形成了畸形的繁荣。这种浓墨重彩的市井风情一直延续至今。

吴山南临"御街"（中山路），故山脚处多南宋遗迹：如太庙遗址、凤山水门、严官巷御街遗迹、六部桥、新宫桥，以及临安府遗址、恭圣仁烈皇后宅第遗址、进奏院等。吴山及其周边地区应该是南宋历史文化遗迹最集中之处。

从全山布局来看，东北部热闹、西南相对清寂，从古至今，似乎一直是吴山的特色。旧时吴山庙宇、茶馆等，一直相对集中在东北部和中部，时古刹森严，烛火喧天。西南部分则是林木翁郁、峰奇石异、洞泉幽寒，多摩崖石刻，历史文化遗迹俯拾皆是。

吴山的寺观可用密集来形容，极盛时达100余座之多。吴山寺宇基本

兴于五代吴越而盛于南宋。昔日诸庙沿岗丘之巅，一字排开，从伍公山，经金地山、七宝山直至云居山，自东北角伍公庙、东岳庙起，沿途有太岁庙、药王庙、小普陀、界神殿、关帝庙、三官庙、水陆财神殿、城隍庙、火德庙、龙神庙、汪王庙，直至云居山的三茅观、西方庵、云居圣水寺等。其中由东岳庙至城隍庙的那一段，最为热闹，旧时俗称"庙街"。吴山寺庙供奉的主要是地方民间宗教神祇，因此带上了浓重的地方色彩和世俗气息。自吴越、南宋以来，四时八节，庙会不断，香火旺盛，游人如织，市肆买卖热闹非凡，俨然一幅民俗风情图。

吴山以其独特的自然风貌与人文景观，一直为世人所激赏。故宋时即有"吴山八景"。明清时有"吴山十景"的说法。清代以"吴山大观"名列"西湖十八景"之一。20世纪80年代，则又以"吴山天风"再登"西湖新十景"之榜。自古至今吴山一直是杭州历史文化精华所在地之一，是唯一能较完整体现"老杭州"历史风貌的地区，是老杭州人心目与记忆中难以忘怀的山。

"天风"一词最早见于元代诗人萨都剌《紫阳盛景》中"天风吹我登驼峰"之句；近代巾帼英雄秋瑾在《登吴山》诗中也有"石台高耸近天风"之句。

沧海桑田，千百年来，吴山的历史风貌有了很大的改变。作为"西湖综合

费新我题"吴山天风"

保护工程"的一个组成部分，自本世纪初起，对吴山的历史文化遗迹进行了有计划、有步骤的保护、开发和利用，梳理了吴山悠久的历史文脉，逐步修缮、恢复了一些历史名胜，力求保持它的原汁原味，使建筑与山林、与环境仍保持了一种和谐的状态，力求再次蕴蓄与维持那种悠远的历史文化气息与神韵。

1997年市政府发文要求加快城隍阁景区的开发建设，吴山是杭州历史文化和民俗文化的荟萃点，建设城隍阁，充分利用吴山丰富的风景资源和历史文化积淀，在这个前提下，吴山城隍阁应运而生。这是对历史的延续和传承，重新唤起杭州人心目中一直保存的对老杭州和吴山的美好记忆，重现南宋历史文化精华，丰富古都杭州的人文精神，建成多功能的杭城标志性景观建筑，使之成为杭州跨世纪、有代表性的文化精品杰作。

清《吴山大观》图

二、城隍阁一名的由来

自南宋时起，开始在山上修建城隍庙。绍兴三十年（1160）敕封城隍神为"宝顺通惠侯"。乾道元年（1165）以后累加封号，但城隍神之姓名"传诸流俗，别无明文"。明洪武三年（1370）定庙制，似同官署衙门，为"神界"的地方官吏。

明代，被永乐皇帝冤杀的浙江按察使周新被追封为"浙江都城隍"，并立庙于吴山金地山上。

周新，初名志新，广东南海县人，永乐年间御史。为官廉正公直、体恤民情，正直敢言，不畏权势，不肯阿谀曲从，时有"冷面寒铁"之称。曾奉旨出任福建、湖南巡按，后升任云南按察使，旋改任浙江按察使，掌管全省司法刑狱。他判案准确、神速，辨纠了不少冤案、错案。

周新刚正不阿。当时锦衣卫指挥司使纪纲，是明成祖朱棣的宠臣，一次他派手下一名亲信千户到浙江办事，这个千户仗着有纪纲撑腰，横行霸道，处处作威作福，大肆收受贿赂。周新得知后，准备将其捉拿法办，该千户闻风而逃。不久以后，周新进京，在河北涿州遇到了此人。他立即下令将其逮捕，押回浙江审理定罪。后来这个千户越狱逃跑，到纪纲面前哭诉。纪纲听后十分恼怒，向明成祖诬告，说周新目无皇帝。明成祖偏听偏信，不辨是非，下令逮捕周新。刚正不阿的周新在皇帝面前毫无惧色，伏在殿前大声陈诉冤屈，痛陈纪纲和千户的罪状。他还责问皇帝："你让我做按察使，本来就是要求我惩恶扬善，给我秉公执法直接查处那些权贵的权力，现在为什么又不让我干了，反而要加罪于我呢？"周新当着朝廷众多大臣的面抗疏直言毫不避讳，朱棣一听果然不把我放在眼里，恼羞成怒，盛怒之下下令处死周新。即使面对死亡，周新仍然毫不畏惧，在临刑前仍高呼："生作直臣，死作直鬼！"随即慷慨就义。这一年是永乐十年（1412 年）。

周新被害，激起了朝中正直的文武百官和地方官员的不满，尤其是浙江的百姓，群情激愤。永乐皇帝为了挽回这一被动局面，平息民愤，不得不将千户治罪，并谎称"朕梦见周爱卿已任浙江城隍。"准许浙江百姓立庙塑像祭祀。一场冤杀周新的风波总算平息。不久，浙江百姓在省城吴山顶建起了一座规模庞大的省城城隍庙，并把庙正对山下的昭节庙巷，改称"城隍街"，自巷口至上山道，分建四座大石牌坊。清时改城隍街为"城隍牌楼"，如今巷仍在而牌坊已无。

当时庙内置有左右二司厅，为新任省城官员宿山宣誓之所。清康熙、乾隆二帝南巡至杭，亦必差遣官员上山代为拈香。时为吴山第一大庙，规模宏大，香火日盛，声名远播，至达江苏、山东、福建、广东一带。杭州人则于每年农历七月十七周新诞生之日举行盛大的庙会祭祀活动，影响极大，故城隍山自明时起，一直是吴山的代名词，直至今日老杭州人仍把吴山称为"城隍山"。1958 年在"大跃进"运动中庙被拆除，仅留柱基、石栏和庙内的几株古香樟树。只其规模甚大的遗址依稀可辨。

城隍庙所在的吴山金地山，是吴山最邻近西湖的山头，为眺望湖山城衢的极佳之处，这是城隍阁选址于老城隍庙遗址并命名为城隍阁的原因之一。命名为城隍阁的另一原因，则是与时俱进，追溯周新清正廉洁的精神，为杭州人文精神增添异彩。

周新像

三、城隍阁

照壁"吴山大观"

城隍阁入口平台正对面，是一幅巨大的石砌照壁，镌刻着"吴山大观"

四个大字，是集清朝康熙皇帝手书而成的。康熙曾数上吴山，并题有多首诗文。照壁高 3 米，长 17 米，用浙江青田石雕刻而成。

"吴山大观"出处是原吴山大观台，是清朝浙江总督李卫在吴山的七宝山顶建的一座楼阁。是时此处为吴山观景极佳处，故称为大观。昔阁内里有康熙诗碑。"大"在古时有多的意思，吴山自古有五多：古树清泉多、奇岩怪石多、祠庙寺观多、民俗风情多、名人遗迹多。登吴山又可放眼尽览杭州江、山、湖、城之胜。众多的名胜古迹，自古繁华热闹，所以这又是"吴山大观"另一解。"吴山大观"清时被列为西湖十八景和钱塘二十四景之一。

"吴山大观"照壁

大型浮雕壁饰《吴山风情图》

在城隍阁景区主入口处西侧，镶有大型花岗岩浮雕《吴山风情图》巨幅壁饰，长27米，高6米，它吸取了民间木雕花版造型的工艺，用传统与现代相结合的创作手法，以杭州历史上鼎盛时期的南宋为时代背景、以城隍庙为中心，再现了那时逢年过节和举行庙会期间，吴山热闹繁华的种种胜景和盛况。

一年四季中有许多节日与吴山诸庙有关系，如元月初八到城隍庙烧香，占年岁之丰歉；初九三官庙农家占蚕事；十二日灯市开始，龙灯上山开光（开光俗谓龙灯上山）。昔日灯节还有秧歌沿街唱舞，杂于其间的还有各种各样的花灯皆随龙灯而喧闹于街巷。二月是一个香市旺盛之月，除本地人之外，还有外地香客相继来杭。除了杭城的几大寺庙，吴山上的城隍庙，烧香者甚众，而观烧香者更多。山上各式摊店彻夜开放。九月初九为重阳节，此日有登高之举。十月初一名十月朝，例行城隍会。十二月初八谓之腊八，妇女们也上城隍山烧香敬神，以上种种皆为城隍庙会。

古时吴山一面为庙宇，一面为店铺，以城隍庙为中心，其间茶楼酒肆，各种小卖集南北之大成。说书弹唱、杂剧杂耍、琴棋书画、花鸟集市，节时争相云集于此，民风民俗极为多姿多彩。真所谓三教九流，应有尽有，游、购、食、娱，不逊风骚。

《吴山风情图》正是以这些丰富的历史文化和民俗文化为创作基础，以南宋为时代背景，以城隍庙为中心，以众多的人物多层次的表现为题材。表现形式上借鉴了众多民间美术的表现形式，使内容形式达到统一谐调。而屹立在浮雕前的四根擎天柱，为广场装饰物。它是从古建筑立柱与斗拱相结合的形态中提炼出来，意在借助中国古代建筑语言中力与美的寓意，渲染、强化城隍阁景区的民族风格和历史氛围。

石雕前擎天柱上有楹联两副，内侧一副的内容是："打量吴越换了东南第一州，装点湖山呼来上下几重阁"。外侧一副的内容是："清景慰心期柳浪荷风三秋桂雨，高楼凭指顾襟江袖海一勺西湖"。

吴山风情图

吴山风情图

城隍阁前古树平台

城隍阁

  城隍阁位于西湖南侧，高居城隍山之巅，为西湖周边最高的楼阁式建筑。城隍阁为七层仿古建筑，地下一层，地上六层，高 41.6 米，面积 3789 平方米，整体造型具有南宋风格。城隍阁通过各层东、西、南、北四面的飞檐翘角，呈现凌空飞升的气势。而顶部的飞阁设计象征凤凰展翅，给人以"龙飞凤舞到钱塘"的联想。城隍阁高居吴山，是观赏左江右湖以及杭城美景的极佳之处。六层高阁飞檐翘角、玲珑剔透，阁下古树平台宽敞通透、古树婆娑、浓荫遍地；阁上钟磬回荡、笙管丝竹悠扬。入夜则楼阁灯火璀璨，如琼楼玉宇，高悬于湖山之上，望之让人赞叹不已，疑为仙境。登上城隍阁顶的观光台凭栏远眺，西望西子湖，波平如镜，轻舟荡漾；北眺市区繁华的市廛，高楼广厦，鳞次栉比；东观钱塘江，波涛滚滚，帆影片片；南览群山，松涛竹韵，烟云雾霭。倘若夜间在此眺望，全城灯光闪烁，与天上皓月朗星争辉，真是山河壮丽，风光无限。故后人截明人徐渭长联以赞："八百里湖山知是何年图画，十万家烟火尽归此处楼台。"

  城隍阁建筑整体造型具有南宋的建筑风格，具有皇家气派，大度而不浮华，雄浑而不雕饰，昂扬向上，气魄雄伟，格调高雅。它的洞门，用蘑菇石砌造而成，底部呈块石状垒筑的坚实基座，象征着古老的杭州所蕴涵的悠久历史，它的斗拱、栏杆和排门的雕刻，采用上等的香樟、椴木和松木制作。

  城隍阁的建造，起到了为西湖山水风光补景的宏观效果，它平衡了整个湖光山色大面貌的造景布局，在功能上不仅可以登临观光，而且又与山、湖、城相互呼应、相互衬托，使得人们不论是从西湖远眺，还是从城区各个方向观望，都有美好的视角。它还是吴山广场和延安南路繁华市井的背

景，起了延伸景观的作用。

城隍阁的设计、建造，不仅考虑到建筑与西湖及城市的联系，还增配了服务设施。在它的一楼和二楼，集中展示了浓郁悠久的杭州吴越南宋文化和民俗风情；三楼到六楼，则以休闲、观景和接待为主要功能，悬挂有豪华宫灯，配置高档红木家具。三楼曲艺茶座，设有文艺演出舞台；四楼南面墙上四幅砖雕画描绘了西湖十景中的其中四景，线条流畅优美；五楼设有咖啡座；六楼为贵宾接待室，配置有高档花梨木家私。尤为值得一提的是城隍阁特色夜游节目，品茗赏月，眺望仙境般的西湖美景，受到越来越多人的赞赏。在这里可以品尝到西湖龙井等各色名茶，并推出了精湛的南宋茶道表演。

城隍阁正门

城隍阁夜景

贵宾包厢

城隍阁六楼贵宾接待厅

城隍阁四楼餐厅

城隍阁三楼茶座

城隍阁建成后，引来了诸多海内外的游客，每日上山游客近万人。前党和国家领导人江泽民、乔石、李瑞环等也曾多次登临。

四、城隍阁景区内的亭台楼阁

周新祠（城隍庙）

原城隍庙毁于20世纪50年代的"大跃进"时期。1998年城隍阁建设工程中，于城隍阁主体建筑南侧复建城隍庙，称周新祠。

现祠内设周新塑像及生平介绍，表达了杭州人民对这位古代清官的怀念之情。

现周新祠（城隍庙）内供奉的周新坐像，高5米，周新身旁站立的分别是手执兵器和印鉴的文武官，高每个3.8米。三尊像共用金箔20两贴面。周新像的造型参照了历史的记载。周新像的顶部是"神龛"，龛长为2.5米，宽为2.8米。

周新祠内有雕塑壁画共6幅，从不同的侧面介绍周新的生平事迹。左边第一幅为：执法如山，冷面寒铁。

周新，广东南海人，明永乐元年（1403年）任监察御史。为官清正，刚正不阿，惩治腐恶，执法如山，为人民所称道"冷面寒铁"。

左边第二幅为：救灾免税，惩治贪官。

永乐十年（1412年），浙江遭水灾，损失严重，地方官隐报灾情，横征暴敛，周新体恤民情，申奏朝廷，负征赋税，惩治贪官，为万民称颂。

左边第三幅为：生为直臣，死为直鬼。

周新在杭州，判断疑案，昭雪冤狱，善政多，家喻户晓。后来，明成祖朱棣的宠臣，锦衣卫指挥纪纲因事派千户到浙江，千户依仗权势，横行霸道，被周新痛斥，千户回京哭诉，纪纲向朱棣诬告周新，说他在外目无皇上，朱棣听了大怒，下令将周新解京问罪，将他处死，临刑前，周新大呼："生为直臣，死为直鬼"。

从正门入内的右边第一幅为：微服私访，洞察民情。

永乐三年（1405 年），周新任浙江按察使，常常微服私访，洞察民情，为民申冤。

右边第二幅为：廉洁清贫，治理西湖。

他全家节俭、廉洁，名闻遐迩。为治理西湖，收回被割占的西湖湖面，不惜得罪当时的诸多豪强。

右边第三幅为：坐对江潮，冷面之神

周新被杀，引起朝野不满，浙江群情忿忿，朱棣也日夜不眠。一次在梦中见周新在杭州当上城隍老爷，叹息说错杀了好人，由此下旨封周新为浙江都城隍，立庙吴山。

周新祠建成后，每年春季进香之时，来自杭嘉湖、苏锡常一带的蚕农络绎不绝蜂拥而来，香火极盛。"忠臣义士崇拜"这种民间文化现象，不是一夜间就能消融的，随着改革开放、政治昌明，社会矛盾的演变，民间信仰也潮起潮落。祈福消灾等民间的社会信仰需求不断增加，期待值也不断增加，这就是重建周新祠（城隍庙）的由来。

重修周新祠的时候，按照老城隍庙先前的格局，在周新祠前又复建了仪门，正对仪门复建了大戏台，作为庙会时娱神的场所。在仪门西侧复建了文昌阁（原祀文昌司禄帝君），在城隍阁的南侧复建了龙神庙（原祀福越滋农龙王）。

周新祠

戏台

仪门

文昌阁

龙神庙

酒仙楼

南宋的杭城五方杂聚，人口骤增，街道熙攘，到南宋末年，杭城定居人口超过百万，当时的杭城店铺林立，在众多的店铺中，其中茶坊、酒肆、食店等饮食和有关饮食的服务行业，就占三分之二以上。

当时最有名的大酒楼，官办和民办的都有，这些大酒楼大部分开在最繁华的大街上，如丰和楼、泰和楼、望湖楼等等，光顾的均为上层人士。酒楼以下叫分店，称店者，比酒楼要次一等，遍布城内。

南宋的杭城饮食业在太平盛世中得到了空前的发展，如今的杭城也以"杭菜"响遍全国，大大小小的酒楼、茶坊、小吃等经营场所不计其数，使人以为时光倒流，与当时的南宋杭城好像没有什么区别。

城隍阁景区的重建修复工程，当然也离不开那时杭城这种酒肆林立的场景，故在城隍阁西傍建餐厅一座——酒仙楼。

酒仙楼餐厅建在城隍山临空处，它傍山临湖而建，二层外是一座大型的观景平台，三楼包厢面朝西湖而设，在这里远眺西湖，整个湖光山色、杭城美景尽收眼底。在这如诗如画的独特环境中赏美味佳肴，真是"酒不醉人人自醉"，就酒仙楼登高临湖观景的地理位置而言，杭城餐厅就独此一家。

酒仙楼总面积约2000平方米，加之配套设施可同时容纳500多人就餐，楼内各厅装饰典雅、环境优美、设施齐全，共有各类包厢十个，大厅二个。

酒仙楼

菜肴不仅注重色、香、味、形、质，而且讲究品种多样，以南宋菜系为特长，杭州名菜为传统之外，更有一大批风味特色的创新菜，南宋名菜有羊肉炖甲鱼、稻草鸭、南炒鳝等，杭州风味菜肴有叫花童鸡、宋嫂鱼羹、鸡抱翅等。在发掘杭州南宋菜肴的基础上，酒仙楼推出的"南宋宴"和天下第一名点——吴山酥油饼更具有杭城吴山之特色。

酒仙楼以它独特的地理位置、优美的环境、丰盛的菜肴、一流的服务，使每位游人都有一种宾至如归的感觉。

九野澄平亭

在城隍阁右下侧巫山十二峰上复建了巫峡峰青亭，亭为攒尖角四柱方

九野澄平亭

亭。清雍正六年（1728 年）浙江总督李卫建，亭额原为"巫峡峰青"。亭早年毁。本世纪初重建，易名为"九野澄平"。

附：《西湖渔唱》巫峡峰青诗

几峰青峭斗冰棱，六六佳名记旧称。自笑耽奇同米老，倚阑看遍玉崚嶒。

亭旁巫山十二峰处原为火德庙，庙始建于南宋（原祀萤惑之神），庙内旧有西爽阁，明代徐渭、陈洪绶曾流寓于此。

大观台

城隍阁南侧七宝山顶，明胡宗宪尝建亭其上，寻圮。郡人以其基方广类似平台，可登高眺望，遂称之为大观台，而实无台。

大观台

康熙二十八年（1689 年），康熙写了登吴山诗，有司即于宝山建楼勒碑，遂称此楼为大观台。雍正五年（1726 年），改该楼为龙神庙，复建亭于七宝山顶，供奉御碑，仍称此亭为大观台。

附康熙《登吴山诗》（康熙三十八年）

重巘经层暂停銮，天日晴和览眺宽。

城市万家烟火近，近念莫遣有饥寒。

台久圮，本世纪初，重建大观台。楼为两层重檐带回廊四方形楼阁式建筑。

附诗：沈德潜《登吴山大观台》

千尺峰头策杖藜，大观台榭俯丹梯。玲珑石窦邻仙窟，璀璨龙章拱

吴山天风碑亭

玉题。湖影长堤分内外，江流全浙划东西。凭高无限苍茫意，一抹遥山指会稽。

吴山天风碑亭

1985 年西湖新十景评选中，吴山以"吴山天风"入选。其后在城隍阁前左侧古树平台上建吴山天风碑亭。亭为重檐歇山顶 16 柱方亭。与周新祠遥遥相对，亭内立"吴山天风"碑。

五、城隍阁周边的南宋历史文化遗迹

城隍山上的南宋历史文化遗迹不可胜数，俯拾皆是。城隍山与南宋皇城遗址仅一路之隔（万松岭路），而城隍山脚下四周可说是布满了南宋历史文化遗迹，这是前人留给我们的宝贵财富。

南宋太庙遗址

南宋太庙遗址位于城隍阁东南下山麓。今杭州市上城区中山南路中段，太庙巷与察院前巷之间。这一带南宋时为中枢机关三省六部、御街等，属南宋皇城大范围保护区，地下文物遗迹极为丰富。

1995 年在旧城改造过程中，开挖住宅地基时，发现太庙遗址部分基础，经考古发掘发现了太庙遗址的东围墙遗迹、东大门遗迹、散水设施以及其他大型建筑基础、构件。

太庙东围墙遗迹极为典型和壮观，其已发掘部分南北两向已分别延伸过太庙巷与察院前巷。太庙东围墙厚 1.7 米，今可见的残高约 1.5 米，底

部基础为平直并列的长条石构件，其上则以块状条石错缝砌筑，整座墙墙体工整平直，保存完好，颇为壮观。

太庙东门约位于东围墙已发掘部分的中部，宽约5米，底部为长方形大砖竖形排砌，门址内有门槛基槽、石砧等。围墙门外连接以"香糕砖"形式砌筑的南宋御街。

门内道路以长方形大砖平铺，通往夯土台基，夯土台基上有成排的柱础石等。

南宋太庙遗址的发掘弥补了南宋古都历史文化风貌的缺憾，是中国考古发掘的重大成就，时被评为1995年全国十大考古新发现之一。

据史书记载，汴京（北宋京城）陷落时，太庙神主（北宋皇帝）牌从汴京流落至扬州寿宁寺安家。建炎三年（1129年），金军南侵，南宋高宗皇帝将神主牌交与随臣仓皇过江逃到镇江。在逃亡途中丢失了宋太祖（赵匡胤）的神主牌，后用重赏才把它找回来。当南宋君臣逃避金军追杀而逃亡到浙东沿海时，又把各帝神主牌送往温州安置。绍兴五年（1135年），司封郎中林待聘上疏"太庙社主，宜在国都"。于是高宗诏令临安府尹梁

1995年南宋太庙遗址东围墙（图片来源：《杭州的考古》）

汝嘉择地兴建太庙。

太庙建成后，从温州迎回神主牌。绍兴七年（1137年），因高宗移跸建康，临安太庙改名为圣祖殿。是年底，高宗又复回临安，圣祖殿复名太庙。绍兴十六年（1146年）数以千计的祭器制作完毕，太庙虽有正殿七楹十三室，还是不能将祭器全部陈列进去，于是又拓建六楹，同时增筑了存放祭器的祭库与册宝殿。至此，太庙初具规模。绍熙五年（1194年），在太庙诸室西侧，建了四祖庙。景定五年（1265年），再建二成之台，为奉神主出入之地。至此临安太庙才趋于完善。其规模之宏大已可比南宋之皇宫大内。

南宋恭圣仁烈皇后宅第遗址

南宋恭圣仁烈皇后宅第遗址位于城隍阁北下山麓。2001年小区开发建设中被发现，经约半年的考古发掘，其基本面貌已隐约显露。

由今现已局部发掘的遗址可推知，南宋恭圣仁烈皇后宅第遗址由多个部分组成。今已发掘的这些遗迹组合后，可显示与还原为一个封闭式的院落。院落中间是庭院，庭院内残存"香糕砖"砌筑的地面。庭院四周为夯土台基，估计为正房、后房、东西两庑厢房的台基。庭院中有水池，水池以方砖铺地，水池四边分别有踏道通往四周台基，水池一角残存有假山遗迹。假山以湖石叠筑，考古发掘时，发现假山大多已倒入水池中，池中残存的假山石大小不等，估计假山石的总面积约有100余平方米，想来其实假山的高度也应颇为可观。

南宋恭圣仁烈皇后宅第遗址的最大特色是它的庭院，规模较大，构筑精致，有假山、水池等，且保存得较为完好，是十分难得的南宋皇家庭院建筑实例。

南宋临安园林数量之多甲于天下；而奢侈之风，亦不亚于汴京。当时临安不仅财宝敛聚，而且集中了最著名的诗人、画师和造园巨匠，他们凭借西湖的奇峰秀峦、烟柳画桥，博取了全国造园之长。因此，在园林设计上具有"因其自然，辅以雅趣"，形成山水风光与建筑空间交融的风格，为我国园林史上留下了重要的一页。

南宋恭圣仁烈皇后本姓杨，会稽人，出身微贱，从小随母亲入宫充作歌女，因天生丽质，能歌善舞，很得吴太皇太后的欢心。

庆元元年（1195 年）三月，由吴太皇太后赐给宁宗，封婕妤；庆元六年，封为贵妃。

2001 年南宋恭圣仁烈皇后宅第遗址的水池遗迹（图片来源：《杭州的考古》）

杨皇后因家世寒微，母家无人，恰巧有个朝臣名叫杨次山，与她籍贯相同，便认为兄妹。从此，两人相互勾结、相互利用。

韩皇后死后，杨妃依靠自己的狡诈智谋，取得宁宗手谕，并联络杨次山，挫败了韩侂胄"劝帝立曹（美人）"的企图，从而被册封为皇后。

当上皇后之后，杨氏便寻找机会报复韩侂胄。开禧三年（1207）秋，韩侂胄率军伐金失败。金国以杀掉韩侂胄，为允许议和的先决条件。于是，杨皇后就秘密联络皇子赵曮的教师礼部侍郎史弥远等人，在玉津园矫旨劫杀了韩侂胄。

此后，史弥远与杨皇后联成一气。他步步升迁，成为右丞相兼枢密使、执掌朝政的权臣。

嘉定十三年（1220年），太子赵询（即赵曮）病亡。次年，宁宗立宗室子赵竑为皇子。赵竑不满史弥远专权，被史侦知，就下决心要废掉赵竑。

嘉定十七年闰八月，宁宗病死前五天，史弥远假传宁宗诏旨，将赵昀过继，并册立为皇子，封为国公。宁宗驾崩的第二天，史弥远通过杨皇后的侄子杨谷、杨石进宫联络，迫使杨皇后同意支持废黜赵竑，拥立赵昀继位为帝。

新即位的理宗赵昀，尊杨皇后为皇太后，垂帘听政。临朝九个月后，杨氏将朝政归给理宗亲政，十分荣耀地度过了晚年。

绍定五年（1232年）十二月壬午日，杨太后死于慈明殿，享年七十一岁，谥"恭圣仁烈"。

严官巷南宋临安城遗址

严官巷南宋临安城遗址位于城隍阁西南山麓、杭州市上城区中山南路上仓桥西侧。

南宋时严官巷上仓桥及附近的六部桥一带为南宋中央官署密集之地，时有三省六部、玉牒所、封椿所等官署。

2003 年年底，为开凿万松岭隧道，市文保所考古队进行了前期的考古发掘。经过了大半年的发掘工作，终于有了重大的发现——南宋临安城遗址。

严官巷南宋临安城遗址可以分为东西两大块，分别位于万松岭隧道严官巷连接线的两侧，这里共发掘出了"南宋三省六部官署北围墙遗迹"，

严官巷南宋遗址石砌储水设施遗迹（图片来源：《杭州的考古》）

北围墙遗址呈东西走向。墙体底部基础，外墙以块石砌筑，中夯以黄土。墙体则以砖包砌，中夯以黄土。"南宋河道遗迹"：河道呈东西走向，河道南侧驳岸以红褐色砂岩叠砌而成，驳岸顶部压有平铺的条形太湖石。"南宋御街遗迹"：遗迹已接近中山南路（即南宋时的主御道）呈南北走向，御道外侧用大型青砖包边，中间用"香糕砖"错缝砌筑，是典型的南宋御道风格。"御街桥塝和桥墩基础遗迹"：今已发掘出的桥塝以大型块石砌筑，桥塝底部还残留着护基木桩。桥墩则用大型块石叠砌而成。

"南宋石砌储水设施遗迹"：这次考古发掘意外地发现了南宋的储水设施。储水设施在河道遗迹的北侧，由储水池、水闸和水渠等组成。储水池呈方形，用长条砂石砌成，底部有石砌的台阶。水池底部有泉眼，应为昔日的储水源头，今仍未干涸。水闸在水池的东侧，两根高大的条石相对而立组成闸门，大条石内侧凿有凹槽，用以放置闸板，可以调节水量。水闸两段都有水渠相连，整个储水设施保存完整，十分难得。

近年已在严官巷南宋临安城遗址上修青砖黛瓦的仿古保护建筑，建成一个较为完整的南宋遗址博物馆，并对外开放。

清河坊

老杭州人常常把城隍山和清河坊联系在一起，因为从南宋起直至近世，这里都是杭城最热闹、最繁华的中心。

清河坊是指南宋御街与河坊街交叉的十字路口及其周围地带。清河坊一名来自于南宋的清河郡王张俊的宅第。南宋时，参与谋害岳飞的张俊封清河郡王，其宅第在附近的太平巷，因而得名。此地在南宋时商铺林立，

酒楼茶肆，鳞次栉比，买卖昼夜不绝。其中有顾家彩帛铺、蒋检阅茶汤铺、张俊开设的太平楼以及三元楼等酒楼。附近宋时多"瓦子"等娱乐场所。

从宋时直至20世纪50年代末期，这里一直是杭城的最繁华的商贸中心，自60年代起，由于城市中心的转移，清河坊逐渐衰落。近年清河坊和它所在的河坊街被划定为历史保护街区，经过精心的规划与设计，重现了当年的历史面貌，再一次恢复了昔日的繁华。这些历史保护街区承载着很丰富的历史文化信息，也承载着杭州人对老杭州历史文化的深深的眷恋。

如果说清河坊是龙头的话，那么龙身就是河坊街。南宋定都杭州后，迁州治于街西端的净因寺故址，建德寿宫于中河东，秘书省、御史台等在河坊街中段。御街自南而北，穿越而过，河坊街一带成为当时最为热闹的

河坊街

河坊街

区域，茶肆酒楼林立，瓦子歌馆喧声此起彼落。河坊街东头的中河是杭城古代主要交通水道，所谓"商贾辐辏"，就源于此河。

河坊街一带在南宋时，自东而西称新开坊、兴礼坊、清河坊、泰和坊、吴山北坊、天井坊、中和坊、仁美坊、流福坊。此时的清河坊、河坊街可说就是"皇城根儿"。

大井巷在河坊街内，城隍山伍公山脚。巷内因有古井（钱塘第一井）而名。大井巷宋时名吴山坊，为上吴山的主要道路之一。钱塘第一井，又称吴山第一井。相传为五代吴越国时德韶和尚所凿，周四丈，因常有人落水溺死，南宋绍兴年间，太尉董德元覆以大石板，上开六眼，盖住大井。

大井

后虽屡毁屡建，但至今仍保存完好，列为杭州市级文物保护单位。此井"弘深莹洁，异于众泉"。宋淳祐七年（1247 年），大旱，城内诸井皆涸，独此井每日汲水万绠，水面仍不减不盈。安抚赵与在其旁立祠。明田汝成《西湖游览志》载：昔日井内有数十条金银杂色鱼，长数尺，或隐或显，相传来自井底泉眼。人不敢捕取，以为神物。自明代起直至民国，巷内集中了杭城诸多百年老店，如胡庆余堂中药号、朱养心膏药店、保大参号、益元参号、王老娘木梳店、张小泉剪刀铺等等，名扬海内外，极具市井风情。

鼓楼坐落在城隍山伍公山东北麓，始建于吴越国时。南宋绍兴八年（1138 年），宋高宗正式定都杭州后对楼进行了扩建，称朝天门。御街从其楼下过。据《西湖游览志》载："规石为门，上架危楼，楼基叠石，高四仞（一仞为八尺）有四尺，东西五十六步（一步为五尺），南北半之。中为通道，横架交梁，承以藻井，牙柱壁立三十有四，东西阅门对辟，名曰'武台'，敞可容兵士百许。武台左右北转，登石级两曲，达于楼上。楼之高，六仞有四尺，连基而会十有一仞，贮鼓钟以司漏刻（古代一种报时器具）。"故杭人俗称鼓楼。昔"吴山十景"之"伍庙闻钟"即出典于此。

鼓楼

六、古树名木

　　"山如浓翠拥高鬟"，宋人《清波杂志》云："宝莲山、吴山、万松岭，林木茂密"。吴山自古就有良好的植被和环境，宛若镶嵌在杭城市区的一块绿宝石，故昔时有"云居听松"、"瑶台万玉"、"枫岭红叶"、"万竿修竹"等名胜。陆游在《阅古泉记》则称"缭以翠绿、覆以美荫"。今虽历千年，而青山依旧。

　　吴山古树名木众多，许多已成特色景观。

大樟树（710年）   宋樟（710年）

大樟树是吴山的一大特色景观。吴山种植香樟的历史最晚可以追溯到宋代。今吴山原太岁庙遗址仍存一棵"宋樟"（700年）。太岁庙下，东岳庙南侧平台两人合抱的大樟树林立，沿昔日之"庙街"一字排开，直至原城隍庙前，大多为元时所植。今城隍阁前就修有古树平台。大樟树枝繁叶茂，翠盖如云，苍劲而不龙钟，古朴而又生意盎然。许多古樟，根部裸露，如怪石嶙峋，遒劲有力，十分罕见。

油麻藤（130年）是吴山古树名木中的又一特色景观。在吴山云居山一带，植被良好，草木丛生。而那数丛具有百年生命的油麻藤更是引人注目。这些油麻藤基干粗壮，藤蔓在乔木丛中缠绕，牵延方圆近百米，浓荫满地，不见天日。诚如陆游所言："寿藤怪蔓，罗络蒙密。"其花为总状花序，

油麻藤

油麻藤

花大而下垂，深紫色或紫红色，荚果木质。待到开花时节，深紫色花密生于老茎，阳光透过树叶缝隙照在其上，色彩斑斓，如同百余蝴蝶停滞。

　　银杏在吴山古树名木中也是一特色景观。银杏是现存种子植物中最古老的植物，其树高大挺拔，姿态优美，扇形叶秀美古雅。银杏生长缓慢，寿命可达千余岁，往往担当树中寿星之称。在吴山，寿命最长的当属伍公山东岳庙前的古银杏树，至今已 400 余年。银杏树春夏葱绿，深秋金黄。至深秋时节，到吴山钟翠亭喝茶是何等惬意之事。在挂满金黄的银杏林中，眼中所见景色正如郭沫若在散文《银杏》中所叙："秋天到来，蝴蝶已经死了的时候，你的碧叶要翻成金黄，而且又会飞出满园的蝴蝶。"许多市民也爱在瑞石古洞的银杏林下锻炼。

古银杏（410 年）

在吴山古树名木中楸树也名列其中。楸树因其"材"貌双全，素有"木王"美称。楸树风姿高大挺拔，花色淡红素雅，常作园林观赏树木，自古以来就广泛栽植园林庭院之中。古时人们还有栽种楸树作为财产遗传给子孙后

代的习惯。在汉代不仅大面积栽种且能从中获利。在吴山东岳庙的古楸树，历经几百年的风霜雪雨，仍风姿盎然地挺立院中。每到春季，紫色花序挂在树梢，随风飘逸，如同彩蝶飞舞。

古楸树（510 年）

在十二生肖石北侧有一株树身突兀、龙干虬枝、苍老挺拔的龙柏。它在此静静地度过了600多个岁岁月月。脱落树皮的枝干刻满了沧桑，斑驳的纹路显示其经历的风风雨雨，但其昂首挺立的主干仍孤寂地傲立着，忠实地守护着吴山十二峰。

古龙柏（610年）

第二篇　城隍阁陈设的历史文化意

　　根据老城隍山的历史与它的文化积淀，城隍阁的文化陈设突出了两个重点：一为南宋的历史文化，另一为老杭州和西湖的民俗风情。在城隍阁的一层和二层打造了两个规模宏大且精致的文化精品：一个是大型硬木立体彩塑——《南宋杭城风情图》，另一个是大型青石线刻壁画《西湖古代名人》。

《南宋杭城风情图》

　　杭城千年的繁华，孕育了极为典型的脍炙人口的市井风俗，《都城纪胜》载："城之西北三处，各数十里，人烟生聚，市井坊陌，数日经行不尽。各可比外路一小小州郡，足见行都繁盛。"这种市井风情在前人的《梦粱录》、《武林旧事》、《西湖老人繁盛录》等著作中都有详尽而精彩的描绘。至近世这种风俗已发育得十分成熟。由于种种原因，昔日"老杭州"的历史风貌在今杭城已依稀难寻。为重拾历史记忆与文明碎片，在今城隍阁一

硬木立体彩塑《南宋杭城风情图》

楼布置了大型硬木立体彩塑——《南宋杭城风情图》。《南宋杭城风情图》
选取南宋杭州历史上最辉煌的时代为背景，对当时京城都会的名胜古迹、
塔桥街巷、皇宫城垣、民俗风情作了详尽的表现。这件历时两年，费工万
余研制而成的硬木彩画巨制，长31.5米，高3.65米，景深2米。作品中
营造房屋1000余间，塑造人物3500余个。

纵观《风情图》，犹如凭栏眺望一座气象宏伟、内容丰富的中国古代
名城。作品中刻意表现的大街即今中山路，史称"御街"，又称天街，以
此为线索展开，图中两旁商铺林立，买卖兴隆；人群摩肩接踵，车马熙熙
攘攘，沿街酒楼近百，茶肆歌馆无数。都城内外是各式集市：药市、花市、
灯市、珠市、米市、柴市、鱼市……《风情图》中众多人物个个穿戴有致、

姿态万千，如货郎、垂钓、小贩、小卖、渔翁、樵夫、医家、相士等；更有南宋市民喜欢的勾栏杂剧、木偶戏、相扑、杂耍，以及在当时各种风俗节庆时纷纷登场的耍流星、踩高跷、划旱船、舞蛮刀的江湖世俗人等；还有炫荣显贵的状元巡游，官府赏赐诸库的大场面。一组组人物组成一个个富有情节的故事，耐人寻味。《风情图》集多种制作工艺于一体，人物众多，情节之繁，工程之巨，实属罕见。它综合了地方性、学术性、工艺性、娱乐性，以精彩的艺术语言向人们展示了一幅立体的《清明上河图》。

据《武林旧事》记载，南宋时，杭州城里的手工业有四百四十行，造船、纺织、瓷器、丝绸、印刷、军火、纸坊等十分发达，《梦粱录》一书中描绘当时杭州城市的风貌时写道："但见鳞鳞万瓦，屋宇充满，接栋连檐，寸尺无空。"西子湖畔，更是"一色楼台三十里，不知何处觅孤山"。《南宋杭城风情图》正是对这种历史盛况形象的再现。

我们不但能够观赏到这座名城的街市景象，还可以从杭州"城"里看到"城"外，再从"城"外看到"城"里。山川城舍间，和风梳柳，丽日映花，车来人往，歌舞升平，一派祥和闲适的江南古都春景。

在这件作品中，我们还可以看到杭州的"市河"也就是现在的中河，能够看到蜚声天下的棚桥雕版书市，还有位于现在的官巷口到众安桥一带的灯市；吴山北麓的鼓楼，当时称朝天门。现在河坊街一带当年叫清河坊的位置则有许多酒楼。更值得留心细看的，是位于今天凤山门内外的南宋大内也就是皇城、皇城的和宁门，以及三省六部、行政官署也一一出现在眼前。还有，清波门外的西湖湖面上，可以看到游人泛舟赏景，不远处，正在进行着龙舟竞渡……真是：处处胜景，种种风情，精彩纷呈，目不暇接。

　　除此以外，白话本小说《醒世恒言》第三卷《卖油郎独占花魁》、二十二卷《十五贯戏言巧祸》中的人物形象和《白蛇传》神话故事中在官巷口药店当伙计的许仙形象，也巧妙地安排、穿插在这件《风情图》中。可谓是画中有戏，戏中有画，让人愈看，愈感到兴味盎然。

　　现代声、光技术处理手法的运用，是《南宋杭城风情图》为加强表现力度、贴近观众的新鲜尝试。由中央控制台变换出白昼、夜晚景色的交替，又仿照和利用舞台造型光的手段，使作品变幻出不同颜色和情调的灯光艺术效果，再辅以糅合了南宋古典韵味的背景音乐和娓娓道来的解说词，使观赏这件作品的游人，犹如穿越在时间隧道之中，仿佛回到几百年前的南宋时期的历史氛围之中，就好像亲临其境一般做了一回南宋杭城的观光客、西子湖畔的忘归人。

　　关于御街史料上有如下描述：

　　南宋《咸淳临安志》卷21《御街》载："御街，自和宁门外至景灵宫前，为乘舆所经之路，岁久弗治。咸淳七年（1271年）安抚潜说友奉朝命缮修，内方部桥路口更太庙北，遇大礼别除（授）冶外，袤一万三千五百尺有奇。旧铺以石，衡横为幅，三万五千有奇，易阙坏者凡二万。跸道坦平，走毂结轸若流水行地上，经涂九轨，于是为称。"

　　御街，又名天街、大街，是皇帝至景灵宫祀祖的御道。南自和宁门（遗址在今凤山门西侧）起，经朝天门（即鼓楼）、众安桥、贯桥、天水院桥（今天水桥）至景灵宫，全长一万三千五百尺（宋尺），铺石板。御街两侧路口，各建木坊，并标坊名。杭州路名称坊称巷，似始于此。今之清河坊、太平坊、市西坊、寿安坊、修文坊、里仁坊、弼教坊、睦亲坊、同春坊等地名，就

是当年之坊名。

御街两侧，有经营金银珠宝、绸缎布匹、干鲜食品、陶瓷器皿、生熟药材、玩具古董、文具书籍、鞋帽服饰等商店，热闹异常。尤其是清河坊木瓜弄一带，地处御街中心，称"五花儿中心"，为城内最繁华的路段，设"中瓦"等娱乐场所。五间楼（今保佑坊）以北至官巷口南街一带，大多为交易金银珠宝钞引店铺，买卖动辄以万计，是谓高银，可说是当时的金融中心。每日四更，诸山寺钟声一响，各店铺即开市营业，直至深夜，也有买卖昼夜不歇的。而一逢假日，则更加热闹，元宵灯市，满街笙箫歌舞，灯山人海。而中秋佳节，家家赏月，店铺彻夜营业。

御街北之景灵宫为皇帝祭祀历代先祖的场所，有大殿30余座，孟月（每季的第一个月）奉祭，一年四次。出行排场极大，先期禁约百姓，沿街楼门早一日全部封闭，警卫士卒多达6200余名。当日五更出发，仪仗队与执事人员前呼后拥，绵延数里。车驾过处，百官在结彩门前迎候，百姓冲犯车驾，立时"捶之流血"。

城市坊市严格分开的布局，早在唐末五代，尤其北宋汴京城内已被冲破，这是城市布局的改革与发展的标志。南宋御街两旁，官府衙门与店铺、民居相混杂，成为南宋御街的两大特点。

据《咸淳临安志》、《梦粱录》等书的记录，南宋京城之内有80多个坊巷（相当于居民区），而分布在御街周围的有40多个，约占城内居民的一半。

以贯穿京城南北的御街为中轴线，御街西首有25个坊巷，御街东首也有14个坊巷。

古时"坊"或称"里"，是城市居民的住宅，也是城市的基层组织，一般为100户上下。因南宋坊之围墙拆毁，居民日益增多，一个坊肯定是多于100户的，具体因无统计，难以断定。

据南宋文人耐得翁《都城纪胜》记载，御街两旁的店铺"不下万计"，肯定有数万家之多。南宋御街因有十里之长，大致可分南、中、北三段。

御街南段：是从皇城和宁门外（今凤山门外）为起点至朝天门（今鼓楼）清河坊止。南段因靠近皇宫、朝廷中枢机关三省六部、枢密院与皇亲国戚、文武大官等集中的区域，消费与购买力最强。因此，南段多是高端商品为主，店铺多经营金银珍宝等高档奢侈品。如耐得翁《都城纪胜》说："珠宝珍异及花果时新、海鲜野品、奇器，天下所无者，悉集于此"。"都城天街，旧自清河坊，南则呼南瓦北，谓之'界北'；中瓦前，谓子'五花儿中心'；自五间楼北至官巷口（南），两行多是上户金银，钞引交易铺……自融合坊北至市南坊，谓子'珠子市头'，如遇买卖，动因万数。"

御街中段：即今中山中路一带，以羊坝头，官巷口为中心，是京城中"大而全"的综合市场。此处早在唐末五代及北宋已是杭城唯一的市场。南宋定都之后，诸行百市，样样齐全；大小店铺，处处密布。凡是都城里衣食住行与日常生活品，在这里都能满足都市的需求。据《梦粱录》载，这里名店、老店云集，有名可查的多达120多家。

御街北段：大致是棚桥至众安桥、观桥一带。北段形成了商贸与文化娱乐相结合为特色的街段。因为此段有京城最大的娱乐中心——北瓦，内有勾栏13座，日夜表演杂剧、傀儡戏、杂技、影戏、说书等多种戏艺，每日有数千市民在北瓦游乐与休闲。附近又有朝廷礼部的贡院，是举行科

举考试的中心场所。每逢科考，都有数千上万的举士在此参加最高的考试。此外棚桥一带又是京师书籍店铺最集中的地方，附近的酒楼饭馆、茶肆点心遍布，夜市十分热闹。

总之，十里天街，"大街及诸坊巷，大小铺席，连门俱是，即无虚空之室"。"处处各有茶坊、酒肆、面店、果子、绣帛、绒品、香烛、食米、下饭鱼肉、鲞铺等"。因此，南宋杭州文人吴自牧在《梦粱录》中说，"大抵杭城是行都之处，万物所聚，诸行百市，自和宁门权子外至观桥下，无一家不买卖者。"

硬木立体彩塑《南宋杭城风情图》局部

硬木立体彩塑《南宋杭城风情图》局部

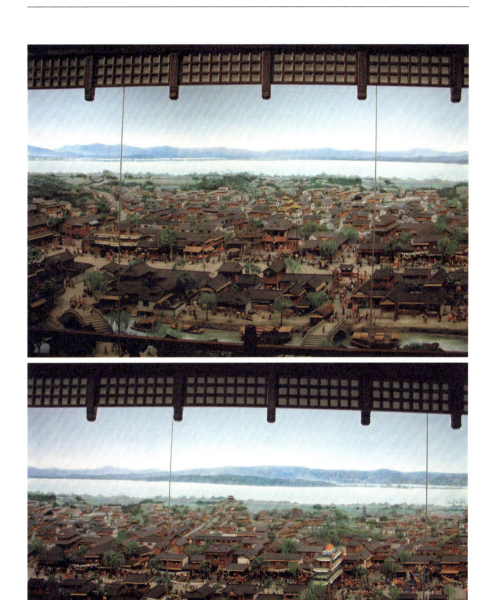

硬木立体彩塑《南宋杭城风情图》局部

硬木立体彩塑《南宋杭城风情图》局部

城隍阁一楼其他三面的文化陈设

在城隍阁一楼与《南宋风情图》配套的还有一组南宋民俗风情的场景组合：《斗茶图》、《大傩图》、《货郎图》、《龙舟竞渡图》、《西湖十景图》，制作精美、栩栩如生。淋漓尽致地展现了南宋的民俗风情。

雕塑彩绘《斗茶图》

史称"茶兴于唐，而盛于宋"

南宋临安茶坊数量众多。八仙、清乐、珠子、潘家、连三等，是最有名的茶坊。他们设备精致雅洁，所有茶具"皆以银为之"。茶品有七宝擂茶、馓子葱茶等，皆卖盐豉汤。南宋的杭城"斗茶"活动十分昌盛，风靡全国。当时上至达官贵人，下至黎民百姓，无不以"斗茶"为乐事。

雕塑彩绘《斗茶图》

宋人《都城纪胜》载："大茶场张挂名人书画，在京师（汴京）只熟食店挂画，所以消遣久待也。今（临安）茶坊皆然。"

这个根据传为宋人刘松年《斗茶图》所制作的场景，正是宋人茶事繁盛的写照。

刘松年，南宋杭州人，著名画家。《斗茶图》反映了我国南宋时民间俗饮情况。《斗茶图》场景中共有四个人物，旁边放有几副盛放茶具的茶担，左前一人手持茶杯，一手提一茶桶，袒胸露臂，显得满脸得意的样子。身后一人手持一杯，一手提壶，作将壶中茶水倾入杯中之态，另两人站一旁，又目注视前者。图中表现的都是平民百姓；从形态看，斗茶者似把自己研制茶叶，泡制的茶汤，拿来评比，斗志激昂，姿态认真。斗茶是造茶者对自己茶品的品赏与推销。这也反映了南宋时茶事活动在民间的繁荣与兴盛。

雕塑彩绘《西湖龙舟竞渡》

据《荆楚岁时记》和《吴越春秋》记载，竞渡是为了纪念屈原和伍子胥。而最早在西湖竞渡，则仅仅是一种"探春"的湖上游戏。《武林旧事》载："龙舟十馀，彩旗叠鼓，交午曼衍，粲如织锦。"

南宋时，西湖竞渡最盛。京城的皇帝和文武百官均要与民同乐。二月八日那一天，西湖画舫都张灯结彩划行湖上。参加竞渡的龙船，装饰着彩旗、锦伞、花篮。划龙船的人扮成二郎神、十太尉等神鬼形象。竞渡开始时，所有龙船金鼓齐鸣，先分两行绕湖一周，排成一列。然后彩旗一摇，龙船竞发。最先到达目的地的，可以得到标杆上挂着的彩礼。这时，湖中游船争相围观，欢声雷动。

南宋时期的西湖游船，不但数量多，而且制作精巧。从《梦粱录》、

雕塑彩绘《西湖龙舟竞渡》—1

雕塑彩绘《西湖龙舟竞渡》—2

雕塑彩绘《西湖龙舟竞渡》—3

雕塑彩绘《西湖龙舟竞渡》—4

雕塑彩绘《西湖龙舟竞渡》—5

《都城纪胜》等书中可看到，"湖中大小船只，不下数百舫。有一千料者，约长二十余丈，亦可容百人。五百料者，约长十余丈，亦可容三五十人……皆精巧创造，雕栏花棋，行如平地。各有其名，曰：百花、十样锦、七宝、戗金、金狮子、何船、劣马儿"。

货郎车

南宋时，吴山在大内之北，府治之南，位置为平地与山林之交界处，臣民与朝廷之过渡区，至关重要，山上庙宇林立，山下市井云集。"华艳工巧，殆十万余家，声甲寰宇，恢然一大都会也"。

《都城纪胜》载："自大内和宁门外，新路南北，早间珠玉珍异及花果时新海鲜野味奇器天下所无者，悉集于此；以至朝天门、清河坊、中瓦前、灞头、官巷口、棚心、众安桥，食物店铺，人烟浩穰。其夜市除大内前外，诸处亦然，惟中瓦前最胜，扑卖奇巧器皿百色物件，与日间无异。其余坊巷市井，买卖关扑，酒楼歌馆，直至四鼓后方静；而五鼓朝马将动，其有

货郎车

趁卖早市者，复起开张。无论四时皆然。如遇元宵犹盛，排门和买，民居作观玩，幕次不可胜纪。隆兴间，高庙与六宫等在中瓦，相对今修内司染坊看位观。孝宗皇帝孟享回，就观灯买市，帘前排列内侍官帧行，堆垛见钱，宣押市食，歌叫支赐钱物，或有得金银钱者。是时尚有京师流寓经纪人，市店遭遇者，如李婆婆羹、南瓦子张家圆子。若遇车驾行幸，春秋社会等，连檐并壁，幕次排列。此外如执政府墙下空地（旧名南仓前）诸色路岐人，在此作场，犹为骈阗。又皇城司马道亦然。候潮门外殿司教场，夏月亦有绝伎作场。其他街市，如此空隙地段，多有作场之人。如大瓦肉市、炭桥药市、橘园亭书房、城东菜市、城北米市。其余如五间楼福客、糖果所聚之类，未易缕举。"南宋货郎车正是这种繁盛的写照。

这种繁荣一直延续了很久，元萨都刺望吴山诗有"现居时复与僧邻，帘摸人家紫翠分，后岭楼台前岭接，上方钟鼓下方闻，市声到海迷红雾，花气涨天成彩云，一代繁华如昨日，御街灯火月纷纷。"

彩金木雕《南宋宫廷大傩图》

彩金木雕是杭州特有的传统工艺美术技艺，享誉海内外。

傩文化是我们中华传统文化的一个重要组成部分。傩舞就是旧时迎神赛会，驱逐疫鬼时跳的舞，它起源于原始巫舞，傩舞也是祭祀活动中最为重要的一部分内容。唐宋宫廷傩舞规模盛大，目的是为了祈求国泰民安与风调雨顺。每年年底，南宋宫廷要举行盛大的驱邪仪式，在这个仪式上，宫廷驱邪法师（即所谓方相）头戴熊皮假面，手执兵器或法器，身旁又附有众多男童而傩傩起舞。

傩文化在长期的发展过程中，逐步向娱乐方面演变，驱邪娱乐而逐步

彩金木雕《南宋宫廷大傩图》一1

彩金木雕《南宋宫廷大傩图》一2

彩金木雕《南宋宫廷大傩图》—3

合为一体。随着时代的发展，内容也大为充实，出现了表现劳动生活和民间传说的内容，个别地区也发展成为戏曲形式并称为傩戏。

城隍阁内这一大型作品，是根据宋画《大傩图》创意、设计而制作的。本作品长 16.5 米、高 2.3 米，深 0.7 米，它是用上等香樟木造型雕刻，然后通过施彩绘、贴金、洒金、仿古、作旧、布光等复杂工艺程序制作而成的。它以精湛的艺术语言，向人们展示我国南宋悠久的历史文化和高超的工艺美术技艺。

宋代沿唐制，《东京梦华录·除夕》："至除夕，宫廷举行大傩仪，用皇城亲事官诸班直戴假面绣画色衣，执金枪龙旗，有的装将军，有的装门神、判官、锺馗小妹、土地、灶神之类。"有上千人参加，驱傩逐祟，这是从周到汉、唐以至宋宫廷的傩仪。故宫藏画《大傩图》（作者不详）上有乾隆、嘉庆、宣统三朝御玺，是南宋画品，所反映的并非宫廷傩仪，而为民间的傩俗。图上画有十二人走着"龙摆尾"的队形，均戴面具扮作老翁形象，吸腿扭身，作诙谐滑稽的姿态，为首的手举簸箕、笤帚，他们中有的戴米斗，有的戴蟹篓、筛子，有的身背蚌壳，有的拍板，有的击鼓，在锣鼓交加声中，驱鬼逐疫。

唐宋之际，傩仪向着娱神又娱人的傩戏雏形过渡，并在民间获得更大的发展空间，常在节庆时的社火中出现。

南宋吴自牧《梦粱录》卷六"除夜"条有关于"大傩"活动情况的记载：

禁中除夜呈大驱傩仪，并系皇城司诸班直，戴假面，著绣画杂色衣装，手执金枪、银戟、画木刀剑、无色龙凤、五色旗帜。以教乐所伶工装将军、符使、判官、钟馗、六丁、六甲、神兵、五方贵使、灶君、土地、门户神尉等神，自禁中动鼓吹，驱祟出东华门外，转龙池湾，谓之埋祟而散。

东阳木雕《西湖天下景》屏风

东阳木雕、乐清黄杨木雕和青田石雕一起被誉为"浙江三雕"。东阳享有"木雕之乡"的美誉。根据历史遗留物考证，至今已有1000多年的历史，它的手法有镂空、浮雕、浅浮雕、圆雕、阴镂透空雕，并以浮雕见长，尤以平面镂空和多层镂空独具特色。

这件作品，采用上等椴木雕刻而成。正中表现的是西湖十景中大家十分熟悉的"三潭印月"，西湖十景源于南宋宫廷画院的西湖山水题名，当时南宋画院中的画家马远、陈清波撷取西湖风景中的精彩画面，作画后分别题"平湖秋月"、"双峰插云"等八景于画面，后又追加"花港观鱼"，"曲

院风荷"，并列为西湖十景，题名立碑，著名的西湖十景就这样流传至今。

屏风的两侧则是以新西湖十景之一"吴山天风"的自然景观为衬托。"吴山天风"之名源于秋瑾《登吴山》一诗，诗曰："老树扶疏夕照江，石台高耸近天风，茫茫灏气连江海，一半青山是越中"。1985年杭州市有关单位及市民共同发起评选新西湖十景活动，经过近一年的评选，选出"龙井问茶"，"虎跑问泉"等新十景。陈云、赵朴初等10位著名人士为之题写景名并立碑，吴山也列为其中，称"吴山天风"。"吴山天风"四个大字由费新我题写，他1901年出生于浙江湖州，1958年右手突患结核性腕关节炎，开始用左手写字，并在他的书法艺术上开创了新的局面，他是一位深受国内外人士敬佩、爱戴并有高超书法艺术的著名书法家，尤擅长行书、隶书。

东阳木雕《西湖天下景》屏风

彩金木雕《西湖天下景》局部

彩金木雕《西湖天下景》局部

《大型青石线刻图》

悠久的历史，美丽的湖山，使西湖蕴蓄了诸多引人入胜的神话传说和历史故事，正是这些东西构成了杭城与西湖丰富的文化积淀，我们今日徜徉在湖山间，无时无刻都能感受到她的魅力所在。

城隍阁一楼的中部，是高10米，宽8米的巨型青田石线刻组图，从一楼底部直贯通到二楼，它以流畅的线条生动地刻画了历代与杭州、西湖相关的28位古代名人及11个古代传说和民间故事。

青田石雕始于宋代，至今已有近千年的历史，是浙江工艺美术著名的"三雕一塑"之一。

大型青石线刻图

明珠西湖

西湖是杭州的标志，关于西湖的来历，有许多优美的神话传说和民间故事。相传在很久很久以前，在天河的东边住着一条玉龙，在天河的西边住着一只金凤，玉龙与金凤是邻居，他们经常一同游玩。一日，他们来到一个仙岛并在岛上发现了一块亮闪闪的石头。玉龙与金凤很喜欢这块石头，便决定把它琢磨成一颗明珠，于是，玉龙用爪子抓，金凤用嘴啄，一天一天，一年一年过去了，他俩把石头琢成了一颗滚圆滚圆的珠子。金凤飞到仙山上衔来许多露珠，滴到珠子上；玉龙游到天河里吸来许多清水，喷到珠子上。慢慢地这颗珠子就变得明光闪亮，璀璨夺目。玉龙与金凤日夜守护着这颗明珠。

这颗明珠是一颗宝珠，珠光照到哪里，哪里的树木常青，百花齐放，山明水秀，五谷丰收。

一天，王母娘娘走出宫门，看见这颗明珠的宝光，心里非常羡慕，便派天兵抢走了明珠。玉龙和金凤赶去天宫，向王母索要明珠，王母不肯，双方发生了冲突，在争夺的过程中，明珠滚下了天庭，玉龙和金凤见明珠往下掉，急忙翻身跟下来保护。玉龙、金凤保护着这颗明珠，慢慢地从天空降落到地面上。这颗明珠一到地上，立刻变成了清清的西湖，玉龙舍不得离开自己的明珠，就变成一座雄伟的玉皇山守护它；金凤也舍不得自己的明珠，就变成一座青翠的凤凰山来守护它。

从此凤凰山和玉皇山就静静地站在西湖的旁边。直到现在，杭州还流传着两句古老的歌谣：

西湖明珠从天降，龙飞凤舞到钱塘。

明珠西湖

伍相驾涛

钱塘江举世闻名，成就钱塘江盛名的就是大潮。钱塘江海潮在月球引力的作用下，长驱直入的潮水至达海宁盐官附近时，潮头最高可达3米以上，以每秒5～7米的速度浩浩荡荡向上游挺进，势如破竹，蔚为壮观。

传说春秋时，吴国大夫伍子胥帮助吴王夫差打败越国。越王勾践夫妇为了东山再起，假意向吴国投降，并亲身到吴国去做了人质。此外还利用美人计，将美女西施献给夫差。伍子胥屡谏夫差警惕，夫差不听，反而听信了西施的谗言，赐剑要他自杀。伍子胥临死前留下遗言，要人把他的眼睛挂在国都南门上，以观越国灭吴。吴王听了大怒，命人将伍子胥的尸体用鸱夷包裹起来投入钱塘江中。民间传说伍子胥死后成了潮神，乘白马素

伍相驾涛

车立于潮头。从此，钱塘江潮水大涨，波涛翻滚，汹涌澎湃。民间以农历八月十八作为潮神的生日，并在钱塘江边的吴山上立庙祭祀他。

钱王射潮

历史上钱塘江的潮水一直是很大，潮头既高，潮水冲击的力量又猛，因此钱塘江两岸的堤坝，屡修屡毁。五代时，吴越国王钱镠，统治杭州时，这道钱塘江的海堤也总是修不好。每次海堤修得差不多的时候，就被大潮冲毁。钱王决定一定要制服海潮，便选了八月十八，潮神生日这一天带上一万名弓箭手到江边去降伏潮神。

八月十八日到了，钱塘江边搭起了一座大王台，钱王一早带了弓箭手到台上观看动静，等待潮神到来。

到了涨潮的时候，看见远远一条白线，飞疾滚来，愈来愈快，愈来愈猛，等到近时，就像爆炸了的冰山，倾覆了的雪堆似地奔腾翻卷，直向大王台冲来。钱王见了，立马下令放箭。这时，只见万名精兵，万箭齐发，直射潮头，竟逼得那潮头不敢向岸边冲击过来。钱王带领着万名弓箭手不断射箭，那潮头只好弯弯曲曲地向西南逸去，最后消失得无影无踪。因此，直到今天，潮水一到六和塔边就快没有了；而在六和塔前面，江水弯弯曲曲地向前流去，像个"之"字，因此人家又叫这个地方为"之江"。

从这个时候起，海堤才得造成。百姓们为了纪念钱王这次射潮的功绩，就把江边的海堤，叫做"钱塘"。

造塔保俶

塔是佛教建筑。佛教自东汉传入我国后，即与强盛的中国文

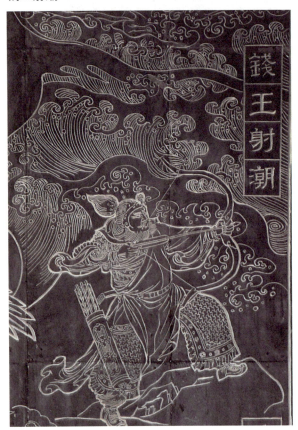

钱王射潮

化和传统习俗相融合，塔的内涵功用日趋世俗，外观形式也不断翻新。五代吴越国钱氏王朝笃信佛教，在杭州和西湖广建寺，盛筑塔，一时有东南佛国之称。末代君王钱俶纳土归宋后，北宋朝廷让他北上开封晋见大宋天子，钱俶不敢不去，去了又怕回不来。臣子们无计可施，只能祈求神明保佑，故集资建塔，立于西湖边上，名为"保俶"，以保佑钱俶能平安回来。

造塔保俶

济公背妇

相传有一天,灵隐寺的济公和尚突然心血来潮,算知有一座山峰就要从远处飞来,那时,灵隐寺前是个村庄,济公怕飞来的山峰压死人,就奔进村里劝大家赶快离开。村里人因平时看惯济公疯疯癫癫,爱捉弄人,以为这次又是寻大家的开心,因此谁也没有听他的话。眼看山峰就要飞来,济公急了,就冲进一户娶新娘的人家,背起正在拜堂的新娘子就跑。村人见和尚抢新娘,就都呼喊着追了出来。人们正追着,忽听风声呼呼,天昏地暗,"轰隆隆"一声,一座山峰飞降灵隐寺前,压没了整个村庄。这时,人们才明白济公抢新娘是为了拯救大家,于是就把这座山峰称为"飞来峰"。

济公背妇

立桥望仙

道教作为土生土长的宗教，在杭州的传播开始得较早。相传在周时西王母有一位侍女名叫董双成，曾在临西湖的妙庭观里炼制丹药。年年月月，董双成终于得道，得道的那日，董双成吹着玉笙驾鹤升仙而去。当时，邑人们争先到桥上观望，因此有了立桥望仙的故事。至今在杭州市区的中河上仍有一座桥名为望仙桥。

据载，在南宋绍兴初（1131年），道士董行元曾挖到一块铜牌，有文云："我有蟠桃树，千年一度生；是谁来窃去，须问董双成。"

立桥望仙

西泠定情

西湖西泠桥边风景绝佳处，有个小小的墓冢，埋葬的正是钱塘名妓苏小小。

苏小小原出身于大户人家，长得娇小玲珑。聪颖过人的苏小小从小被视为掌上明珠，自幼能书善诗，才华横溢。苏小小十五岁时，父母谢世，于是变卖家产，带着乳母贾姨移居到城西的西泠桥畔。她们住在松柏林中的小楼里，每日靠积蓄生活，尽情享受于山水之间。因她玲珑秀美，气韵非常，在她的车后总有许多风流倜傥的少年。没有父母的管束，苏小小也乐得和文人雅士们来往，常在她的小楼里以诗会友，她的门前总是车来车往，苏小小成了钱塘一带有名的诗妓。

有一天苏小小在游玩之时碰到了一位俊美的公子阮郁。两人一见倾心，从此形影不离，每日共同游山玩水。可是阮郁的父亲听说他在钱塘整日与苏小小混在一起，非常生气，把他逼回家。苏小小整日企盼，却不见情人回来。

在一个晴朗的秋天，在湖滨她见到一位模样酷似阮郁的人，却衣着俭朴，神情沮丧，闻讯后才知此人叫鲍仁，因盘缠不够而无法赶考。她觉得此人气宇不凡，必能高中，于是主动提出为他提供钱物上的帮助。鲍仁感激不尽，满怀抱负地奔赴考场。

佳人薄命，苏小小在第二年春天因病而逝。这时鲍仁已金榜题名，出任滑州刺史，赴任时顺道经过苏小小家，却赶上她的葬礼，鲍仁抚棺大哭，在她墓前立碑曰：钱塘苏小小之墓。墓上覆六角攒尖顶亭，叫"慕才亭"，亭有联云："湖山此地曾埋玉，花月其人可铸金"。

西泠定情

虎跑涌泉

位于杭州西南虎跑寺内的虎跑泉，有天下第三泉的美誉。相传，唐元和十四年（819年）高僧寰中（亦名性空）四方游历，来到此处，看到这里的风景灵秀，很是喜欢，便住了下来。但这附近没有水源，生活极不方便，无奈之际，他准备迁往别处。一日夜里，忽然梦见神人告诉他说："自大师来此，我辈都受益。大师若去，我辈无所皈依。若是无水，不必忧虑，明日当遣二虎移南岳童子泉来。"第二天，他果然看见二虎跑（刨）地作穴，

清澈的泉水随即涌出，故名为虎跑泉。

虎跑涌泉

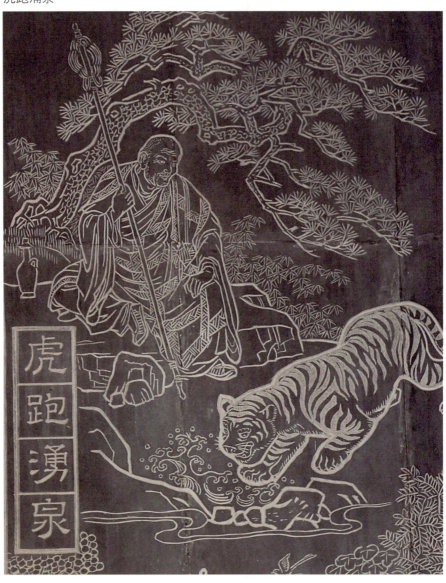

断桥相会

《断桥相会》出自我国著名的民间传说《白蛇传》。传说在宋朝时，修炼千年的白蛇白素贞因要报许仙的前世救命之恩，便与一同修炼的青蛇青儿化为人形来到杭州。白素贞施展法力，在断桥边游湖逢雨因借伞与许仙相识并定情。两人不久后成亲，迁往镇江经营药店。金山寺僧人法海因白娘子和小青为妖，数次破坏许仙与白娘子的关系。许仙听信法海之言，于端午节之际用雄黄酒灌醉白娘子，使之显示出原形，而许仙也因此而被惊吓致死。白娘子为救自己挚爱的夫君，冒生命危险去峨眉仙山盗草。重

断桥相会

生的许仙被法海囚禁在镇江金山寺，夫妇不得团聚。白娘子为了救回许仙，和小青一道，跟法海斗法，不惜借西湖之水漫金山寺，却因此伤害了其他生灵。触犯了天条的白娘子在生下孩子后被法海收入钵内，镇压在雷峰塔下。二十年后白氏之子高中状元，衣锦还乡到塔下祭母，雷峰塔倒，许仙夫妇终于团圆。

梁祝共读

"梁祝"是一个美丽、凄婉、动人的爱情故事。

东晋时期，浙江上虞县祝家庄，有个祝员外之女英台，美丽聪颖，自幼随兄习诗文，她不甘世俗，不让须眉，千方百计说服父母，女扮男装去杭州读书。途中，邂逅了赴杭求学的会稽（今绍兴）书生梁山伯，两人一见如故，在草桥亭上撮土为香，义结金兰。

二人一同来到杭州城的万松书院，拜师入学。从此，同窗共读，形影不离。梁祝同学三年，情深似海。英台深爱山伯，但山伯却始终不知她是女子，只念兄弟之情，并没有特别的感受。

祝父思女，催归甚急，英台只得仓促回乡。梁祝分手，依依不舍。在十八里相送途中，英台不断借物托意，暗示爱情。怎奈山伯忠厚纯朴，不解其故。英台无奈，谎称家中九妹，品貌与己酷似，愿替山伯做媒。可是梁山伯家贫，未能如期而至。待山伯去祝家求婚时，岂知祝父已将英台许配给太守之子马文才。美满姻缘，已成泡影。二人楼台相会，泪眼相向，凄然而别。临别时，立下誓言：生不能同衾，死也要同穴！

后梁山伯被朝廷任命为鄞县令。然而梁山伯忧郁成疾，不久身亡。英台听闻噩耗，发誓要以身殉情。

英台被迫出嫁时，绕道去梁山伯墓前祭奠，在祝英台哀恸感应下，风雨雷电大作，坟墓爆裂，英台翩然跃入坟中，墓复合拢，风停雨霁，彩虹高悬，梁祝化为蝴蝶，在人间蹁跹飞舞。

梁祝共读

85

夜救裴生

《夜救裴生》的故事出自明人的传奇故事《红梅记》。

南宋末年，良家女李慧娘因战乱流离，不幸被奸相贾似道掳于贾府，充当歌姬。一日，歌姬们随贾似道游湖时，李慧娘听到太学生裴舜卿怒斥贾似道祸国殃民的慷慨陈词，不禁脱口赞了一声，竟招来杀身之祸。慧娘被杀后，死不瞑目，阴魂不散，决心申冤雪恨。

慧娘死后，贾似道又生恶计，将裴舜卿诳进府中，暂囚红梅阁内准备杀害。执仗正义的判官对慧娘的悲惨遭遇深表同情，准其暂回人间，搭救裴舜卿，并以阴阳扇相赠，助她破除难关。慧娘幽魂手执宝扇来到红梅阁，即变成生前模样进入室内，通过对话，解除了裴的疑虑，同时，他们之间

夜救裴生

也萌发了爱情。

慧娘的幽魂得知贾似道命廖莹忠三更时分来杀裴舜卿，当晚急赴红梅阁。裴生怕连累慧娘，不愿冒险同逃。慧娘为救裴脱险，不得不说明真情，裴得知眼前的慧娘是个鬼魂后，当即吓死过去。慧娘借助宝扇把他救活。裴终于被慧娘善良正直的人品、高尚的情操、反压迫的坚强意志所感动，决心撞死在红梅阁内与她在阴间结为夫妻。慧娘却晓以国家大义，劝裴切勿轻生，对他寄予除奸救民的希望。此时，三更鼓响，廖莹忠持刀前来杀害裴舜卿。慧娘借助宝扇的威力，惩罚了敌人，救出了裴舜卿。

西湖古代名人

葛洪

葛洪字稚川，号抱朴子，丹阳句容人，生于晋武帝太康四年（283）。家庭原为江南豪族，又是道学世家。其曾祖父葛玄是三国时吴国的道士，传说他曾从汉末的著名方士左慈学炼丹术，得《太清》《九鼎》《九液》等丹经。其后于皂山（今江西清江境内）得道成仙，白日飞升，道教中人尊其葛仙翁，又称太极仙翁。葛洪13岁丧父，家道中落，却生性恬淡，于世间种种嗜欲皆不贪恋，独爱读书问道。16岁起，他广览经、史百家，以儒学知名。他先从葛玄的传人方士郑隐学道，史称"悉得其法"。后葛洪在青黛山偶遇精于外丹内养之术的南海太守鲍靓，鲍靓见葛洪形貌超凡，才思横溢，又是神仙之后，十分器重，遂将所得丹术传于葛洪，后又将爱女潜光许配葛洪。

葛洪晚年栖息山林，服气养性之思更甚，为"择一善地，细细参求"，而终"弃家避世"，隐姓埋名，遍游江南。传说葛洪来到杭州，见湖山灵秀，

葛洪

甲于天下，有意卜居。遂访西湖，过栖霞岭，极目展望，气象万千：岭左可望钱塘，有朝吞旭日；岭右峰峦起伏，有夜月为伴；岭下结茅，可以潜居；岭头有石，可以静坐；有泉可汲，有鼎可安；游人过而不留，山上笙歌喧而不闻，正可炼丹著述。于是，葛洪便建抱朴庐，开丹井，筑丹台，"葛岭"之名也由此来。

葛洪炼丹，本想炼制长生不老药，却在多次的化学实验中发明了多种矿物燃料，所以为旧时的染料业尊为祖师。他的《抱朴子·内篇》中的《金丹篇》《黄白篇》主要叙述用矿物炼丹药、炼金银，被认为是古代化学的渊源。

白居易

白居易，字乐天，号香山居士，是唐代杰出的现实主义诗人。他在杭州做过三年刺史，为杭州人民做了不少好事，也写过许多吟咏西湖的名篇。现在一提到杭州、提到西湖，就不能不想起他。

　　白居易在唐穆宗长庆二年（公元822年）出任杭州刺史，任职期间，他对于杭州的水利工程，有很大的贡献。他组织民工疏浚西湖，筑堤保湖，引湖水灌溉农田；他疏浚六井，便民饮水，使市民可以安居乐业。

　　白居易在杭期间及离开杭州后，创作了大量歌咏西湖的诗篇，使西湖声名远扬。白居易一生作诗3600多首，其中写西湖山水的诗就有200余首。诗中充满真情实感，表现出白居易对杭州、对西湖的真爱挚念，他把杭州当作了他的第二故乡。正因如此，他才能写出那么多有关西湖的诗，才能写出一系列精彩感人的好诗。如广为流传的《春题湖上》：

白居易

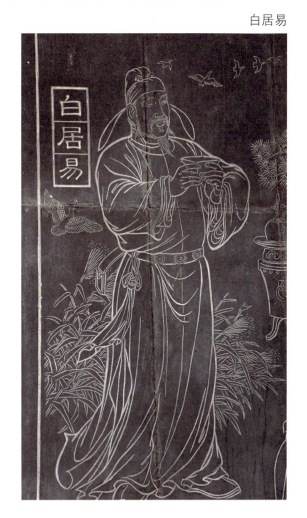

　　"湖上春来似画图，乱峰围绕水平铺。松排山面千重翠，月点波心一颗珠。碧毯线头抽早稻，青罗裙带展新蒲。未能抛得杭州去，一半勾留是此湖。"

　　在城隍阁北下侧有乌龙井，乌龙井原名黑龙潭。相传此井深浅莫测，遇大旱不干竭。天晴则潭水碧色可爱，遇有雨则先一日变黑，当地居民往往以此测晴雨，颇有效念。白居易在杭时曾于此为民祈雨，留下了《黑龙潭》一诗。

附诗：《黑潭龙》[唐] 白居易

> 黑潭水深色如墨，传有神龙人不识。
>
> 潭上驾屋官立祠，龙不能神人神之。
>
> 丰凶水旱与疾疫，乡里皆言龙所为。
>
> 家家养豚漉清酒，朝祈暮赛依巫口。
>
> 神之来兮风飘飘，纸钱动兮锦伞摇。
>
> 神之去兮风亦静，香火灭兮杯盆冷。
>
> 肉堆潭岸石，酒泼庙前草。
>
> 不知龙神享几多，林鼠山狐长醉饱。
>
> 狐何幸？豚何辜？年年杀豚将喂狐。
>
> 狐假龙神食豚尽，九重泉底龙知无？

褚遂良

褚遂良（公元596～658或659年），字登善，其祖先从河南迁来钱塘（今杭州）居住，成为杭州人。

据《西湖游览志》记载，杭州旧有褚遂良寓所褚家堂，"忠清里，本名升平巷，北为褚家堂……以遂良故里得名。""助圣庙，在忠清里，以祀唐仆射褚遂良者"。《武林坊巷志》亦载："褚堂巷亦名褚家塘，为遂良故里。清讹为池塘巷。"褚遂良的名字已融入杭州历史文化之中。

隋末入秦王李世民府为铠曹参军。唐太宗贞观十年（636年）自秘书郎迁起居郎。因书法遒劲，被唐太宗招为侍书，历任谏议大夫、太子宾客、黄门侍郎加银青光禄大夫、中书令等职。太宗病危之际，受命起诏遗诏。

唐高宗李治即位，封为河南县公，进封河南郡公，出任同州刺史，后人因之称"褚河南"。唐永徽三年（652年）召回任吏部尚书，兼修国史，兼太子宾客。次年拜尚书右仆射。六年，因高宗废后立武则天事，叩血进谏，被贬为潭州都督，爱州刺史。显庆三年，卒于任所。

其书法别开生面，晚年正楷风艳流畅，变化多姿，对后世书风影响很大。传世书帖有《伊阙佛龛记》、《孟法师碑》、《房梁公碑》、《雁塔圣教序等》，墨迹有《倪宽赞》。

褚遂良

林逋

与西湖有关的历史人物中，林逋是最富有传奇色彩的一位。他的人生理想，与西湖的山水相连，仿佛云间白鹤、林中红梅，为后人所传颂。

林逋（967~1028年），字君复，谥和靖，杭州人。林和靖从小资质聪慧，刻苦好学。成年后，秉性恬淡，不求荣华富贵，隐居杭州孤山，钟爱梅花，每当梅花盛开，林和靖常常整日赏梅，饮酒作诗，探寻梅之精神。林逋还养有两只白鹤，与他形影相伴。有时他外出坐船游湖，有客人来访，家童就放出白鹤，招主人返回。这就是"梅妻鹤子"的由来。

林逋写有许多诗文，其中最成功、最有影响的、最出神入化的，是他的咏梅诗，"疏影横斜水清浅，暗香浮动月黄昏。""雪后园林才半树，水边篱落忽横枝。""湖水倒窥疏影动，屋檐斜入一枝低。"这些诗文，不仅写出了梅树清高雅洁的形象和情态，也写出了诗人秀洁高尚的风骨。

宋仁宗天圣六年（公元1028年），林逋去世。他去世后，葬在孤山，后人又为其修建了放鹤亭，表达对他的敬仰。

林逋

苏轼

在杭州的历史上，地方长官中最有名的，除了唐代的白居易，便是北宋的苏东坡。苏轼，四川眉山人，字子瞻，号东坡。在苏轼的一生中，几次遭贬谪，大部分时间在做地方官。他曾两次来杭州为官。他既给我们留下了大量脍炙人口的吟咏西湖的名篇，又在浚治和建设西湖方面作出巨大贡献。

到宋初时，西湖长年不治，草兴水涸，积成葑田。苏东坡看到这种情况，十分忧虑，下定决心要治理西湖。苏东坡以工代赈，雇工开撩。从夏到秋，花工二十万，把葑草打撩干净，从此西湖烟水渺渺，恢复旧时景色。他还把无用的葑草和淤泥筑成一条长堤，从南山到北山，横贯湖面，上建六桥，旁植杨柳、芙蓉。这就是著名的"苏公堤"。还在湖中立小石塔为界，石塔以内的湖面不准种植水上作物，以免再次湮塞；这些界碑式的石塔，日后就形成了"西湖十景"之一的三潭印月。

苏轼

苏东坡在杭州留下大量吟咏西湖的诗词，据统计有453首之多。

水光潋滟晴方好，山色空濛雨亦奇。

欲把西湖比西子，淡妆浓抹总相宜。

从此西湖又有了西子湖的美誉。苏东坡对西湖景色的高度概括和绝妙描写，使这首诗成为对西湖的千古绝唱，也成为后代杭州人宣传杭州和西湖的最佳广告词。

范仲淹

范仲淹，生于北宋端拱二年（公元989年），字希文，苏州吴县人。宋大中祥符八年登进士第，历任秘阁校理、右司谏、天章阁待制等职。宝元三年，以龙图阁直学士出任陕西经略安抚招讨副使，兼知延州（今陕西延安），有5年左右的时间守卫边塞，这期间成功地抵御西夏的入侵。

北宋皇祐元年（公元1049年），年届花甲的范仲淹带着西部边陲的苍凉，来到了秀丽的杭州，出任杭州知州。

范仲淹刚到杭州，江浙一带正逢大饥荒。范仲淹鼓励百姓举行竞渡等娱乐活动，并日常与僚属至西湖宴游。又谕示各寺院，由于荒年物价低廉，

范仲淹

可度势大兴土木。于是，刺激各行业匠人重新兴隆旺盛。又修建粮仓、库房及官吏住屋，每日雇佣千名劳工，以工代赈。监察司使为此上奏弹劾范仲淹："不恤荒政，游宴兴作，荡财丧民。"范仲淹上奏解释道："所以如此，正欲发有余之财，以惠贫者；使工技佣力之人，皆得仰食于公私，不致转徙沟壑。荒政之施，莫为此大。"这一年，杭州虽遭饥荒，但损失不大。

范仲淹虽在杭州时间不长，从其《忆杭州西湖》"长忆西湖胜鉴湖，春波千顷绿如铺。吾皇不让明皇美，可赐疏狂贺老无。"一诗中，想见其对西湖的眷恋深情。

毕昇

我国古代的四大发明对人类社会文明的发展起到了重大的作用，印刷术就是其中之一，而活字印刷术就诞生在杭州，这个发明者是北宋时杭州书铺的工匠毕昇。

我国雕版印刷，在史书上有明确记载的，最早见于中唐。到了宋代印刷业已经十分流行，技术发展到了新阶段。杭州历来是印刷业比较发达的地区，到北宋时，杭州已经成为我国三大刻书中心之一，雕版印刷技术已相当成熟，不仅刻印的书籍多，质量也很高。

雕版印刷存在着费工费时、放置书版要占用大量空间、错字不易改正等明显的缺陷。宋庆历年间，杭州刻字铺的工匠毕昇，发明了活字印刷术。他用带有黏性的胶泥制成小方块，刻成一个个单字，然后用火烧硬。排版时，先准备一块铁板，四周围上铁框，在铁板上放着松香、蜂蜡、纸灰，然后根据书稿，将一个个活字排在上面，排满一框就是一版，放在火上加热，待药物熔化，用一块平板把字压平，这样就可以印刷了。如果发现版中错字、漏字，可以随时更改。印完一版后，把字拆下来，可以重复利用。

毕昇的发明比起雕版印刷要进步得多，在印刷史上是划时代的创举，影响深远。

沈括、毕昇

沈括

沈括，字存中，十一世纪中期北宋卓越的科学家、政治活动家和军事家。《宋史》记载他"博学善文，于天文、方志、律历、音乐、药物、卜算无所不通。"一生著作多达几十种，现存的有《梦溪笔谈》、《长庆集》和医药著作《良方》等。英国中国科技史专家李约瑟称他为"中国科学史的里程碑"。

特别是沈括晚年闲居江苏镇江所著的《梦溪笔谈》，凡廿六卷十七目，内容广泛，涉及数学、物理、化学、生物、医药学、天文、历法、气象、地理、地质、矿物、冶金、水利、工艺、建筑、制图、文学、史学、考古、音乐、艺术等方面，全面记录了我国著名的科技成就，并在多门学科上有独到的创见，因而名闻中外。

宋绍圣三年（1096年）沈括在镇

江去世，他的家人将其归葬钱塘。沈括墓现在距杭州东北约 20 公里的安溪镇，并已经被列为县级保护文物。沈括虽然一生中多半时间生活在他乡，但他对故乡杭州却一往情深，在许多诗作中表达了对杭州的眷恋。在《寄永嘉王博》诗中，他以"回首吴山梦寐间"的诗句，述说了对故乡杭州、对吴山的思念。

岳飞

南宋著名抗金名将岳飞，字鹏举，宋崇宁二年（1103 年）生于河南汤阴县一个农民家庭，家境清贫。岳飞所处的年代，正是我国东北境内女真贵族崛起，建立"金国"，不断向宋朝发起大规模掠夺战争的时候。

岳飞 22 岁时参加抗金部队，在严酷的对金战争中，他作战勇敢、屡败金兵，成为抗战派的主要代表人物。岳飞率领的岳家军，英勇善战，纪律严明，受到了人民群众的爱戴，在与金兵的战争中，声名大振，立下很大的战功。金兵发出了"撼山易，撼岳家军难"的哀叹。

但后来，实行投降政策的赵构和秦桧，一方面向金兵乞和，一方面施阴谋诡计加害岳飞。正当岳飞在抗金作战中取得节节胜利时，却被赵构以 12 道金牌从前线催回。"十年之功，毁于一旦"，岳飞回到杭州后，被免去兵权。1142 年，被秦桧以"莫须有"的罪名杀害于杭州大理寺狱风波亭。

岳飞沉冤 21 年后，为平民愤，宋孝宗昭雪了岳飞的冤案，以隆重的礼仪把岳飞迁葬到杭州栖霞岭下，并将西湖显明寺改为祭祀岳飞的祠宇。以后历代都有修缮，成为现在的岳坟和岳王庙。"青山有幸埋忠骨"，岳飞的爱国精神和民族气节，与湖山同在，与日月同辉；西湖山水也因岳坟和岳王庙的存在而凭添了一份浩然正气。

韩世忠

岳飞、韩世忠

韩世忠（1089～1151年），字良臣，延安人。18岁时应募入伍。《宋史》说他"挽强驰射，勇冠三军"。后韩世忠在绍兴四年（1134）在大仪（今江苏扬州西北）大破金和伪齐联军，因此被社会舆论赞为："中兴武功第一。"次年，韩世忠率军自镇江北上，披荆斩棘，屡败敌兵。后任京东淮东路宣抚处置使，开府楚州（今江苏淮安），力谋恢复。他在楚州10余年，兵仅3万多，而金人不敢犯。因当时赵构和秦桧主和，绍兴十一年（1141年），韩世忠被召回临安，升迁为枢密使，实际上被解除了兵权。

回到杭州后，韩世忠就看破世情，愤然辞去枢密使，从此浪迹西湖山水中。他常常头戴一字巾，骑小毛驴，身系酒壶，混迹渔樵，出没于湖上，号清凉居士。

抗金名将岳飞被秦桧杀害后，韩世忠悲痛不已。传说他在游览飞来峰时，从"飞来"两字中触及隐痛，思念故友岳飞之情油然而生，想起岳飞生前在池州写的翠微亭诗："经年尘土满征衣，特特寻芳上翠微。好山好水看不足，马蹄催趁月明归。"于是在飞来峰半山腰建造了一座亭子，命名为"翠微亭"，以寄托哀思。

陆游

南宋爱国诗人陆游，字务观，号放翁，越州山阴（今浙江绍兴）人，一生与杭州关系密切。陆游曾于绍兴十年、十三年两次到杭州应试，但都没考上。到绍兴二十三年，再次来到杭州，参加两浙转运司"锁厅试"。这次考试中，因陆游名次在秦桧的孙子秦埙之上，得罪了奸贼秦桧。次年，陆游又到杭州参加礼部考试，但因遭到秦桧的嫉恨而被黜落。秦桧不仅为自己的孙子争取名次，同时因为陆游在试卷中力主抗金，收回故土，所以更加嫉恨。

陆游

直到秦桧死后，陆游 34 岁时方才到福州宁德县做主簿。后来，又在朝廷担任枢密院编修官，起草法令、文件。他一有机会就上书朝廷，苦谏北伐。后来由于北伐失利，加之他又揭发了皇帝亲信大臣结党营私的罪恶，引起了孝宗的不满，便把他调到建康、镇江任通判。后又调入四川夔州做通判，投身军旅。此后他又回到东南，在福建、江西、浙江等地做过地方官，但最后又被罢官了。陆游收复中原的信念始终不渝，去世前写下《示儿》：

死去元知万事空，但悲不见九州同。

王师北定中原日，家祭无忘告乃翁。

陆游多次来到杭州，也曾在杭州居住，杭州及西湖山水之间，留下了他的许多足迹；陆游面对杭州的街巷、西湖的美景，也留下了很多杰出的诗作。其中最著名的要属《临安春雨初霁》：

世味年来薄似纱，谁令骑马客京华。

小楼一夜听春雨，深巷明朝卖杏花。

矮纸斜行闲作草，晴窗细乳戏分茶。

素衣莫起风尘叹，犹及清明可到家。

这首诗是陆游客居今孩儿巷附近时写的，"小楼一夜听春雨，深巷明朝卖杏花"写出了南宋时杭州街巷的风情，成为至今人们仍在传颂的名句，回味隽永。

文天祥

文天祥（1236～1283年），字履善，一字宋瑞，号文山，吉州吉水（今属江西吉安）人。文天祥出身于书香门第，从小博览群书。宋理宗宝祐四年（1256年）中进士。曾任刑部郎官、知瑞赣等州。

文天祥所在的时代，正是南宋王朝的末期，元军挥师中原，连破城池，逼近南宋都城临安（今杭州）。1275年，听到都城临安受到威胁的消息，在赣州做官的文天祥耗尽家产，组织2万人的乡兵，奔赴临安，保卫京城。后文天祥被任命为右丞相兼枢密使。端宗景炎元年（1276年）文天祥被派往元军营谈判，被扣留。在押往北方的路上，文天祥在镇江得以逃脱，流亡到通州（今江苏南通），由海路南下到福建、广东等地，继续坚持抗元。

在端宗建炎二年进兵江西，恢复了多处州县，但不久又为元兵所败，次年在五坡岭被俘。

被捕后的文天祥面对各种威胁利诱，始终威武不屈，写下了光照千秋的《过零丁洋》诗以明志：

辛苦遭逢起一经，干戈寥落四周星。

山河破碎风飘絮，身世浮沉雨打萍。

惶恐滩头说惶恐，零丁洋里叹零丁。

人生自古谁无死，留取丹心照汗青。

元至元十九年十二月初九日（1283年1月9日），文天祥在北京被害。文天祥的妻子在为文天祥收尸时，在其衣带中发现了这样一段文字："孔曰成仁，孟曰取义，惟其义尽，所以仁至。读圣贤书，所学何事，而今而后，庶几无愧。"显示了他从容就义时的心境。文天祥虽不是杭州人，但他在杭州演绎了他人生的一段重要经历，彰显了他那光照汗青的丹心，同时，也给杭州历史增添了浩然正气和熠熠光彩。

文天祥

朱淑贞

朱淑贞

朱淑贞，南宋时期著名女词人，杭州人，住在宝康巷内，自号幽栖居士。朱淑贞的父亲曾在浙西做官，她也算是官宦人家的千金。她能诗会画，通晓音律，尤擅填词，她的作品在当时的杭州流传较广。

到了婚嫁的年龄，朱淑贞在父母包办之下，嫁给了一个与自己性格不合、情趣迥异的人，婚姻不幸，乏味的生活，使她满腹悲愁哀怨，她的词多幽怨，流于伤感。朱淑贞的诗词中《生查子·元夕》

去年元夜时，花市灯如昼。

月上柳梢头，人约黄昏后。

今年元夜时，月与灯依旧。

不见去年人，泪湿春衫袖。

最为脍炙人口。

朱淑贞死后，她的作品大都被父母付之一炬，后人将其存世的诗词整理、收录下来，辑录成《断肠集》、《断肠词集》。

高克恭

高克恭（1248~1310年），元代画家。字彦敬，号房山道人。居燕京（今北京），晚年寓钱塘（今浙江杭州）。官至刑部尚书和大名路总管。工画山水，

初学米芾、米友仁，晚年上溯董源、巨然，兼学王庭筠、万庆父子。笔墨苍润，气韵闲逸。亦善墨竹，风格近文同。其画至元代后期已不易得，多见赝品。传世作品有《云横秀岭图》、《墨竹坡石图》、《春山欲雨图》等。

赵孟頫

赵孟頫（1254～1322年），字子昂，元代著名大书法家、画家。浙江湖州人，宋皇朝宗室。宋亡，隐居故里。入元，元世祖忽必烈搜寻"遗逸"，经程钜夫荐举，官刑部主事；后累官至翰林学士承旨，封魏国公。

赵孟頫曾在江南闲居四年，无官一身轻，与鲜于枢、仇远、戴表元、邓文原等四方才子齐聚西子湖畔，谈艺论道，挥毫遣兴，过着与世无争的宁静生活。

赵孟頫工书法，尤精正、行书和小楷，学李邕而以王羲之、王献之为宗，所写碑板甚多，圆转遒丽，人称"赵体"。擅画，主张"作画贵有古意，若无古意，虽工无益"，山水主要师法董源、巨然；人物、鞍马学李公麟，上追唐人；并用书法技巧写古木竹石，自称"石如飞白木如籀"。他变革南宋院体格调，开创了元代画风。

高克恭、赵孟頫

周密

周密（1232～1298年），字公谨，号草窗，又号霄斋、苹洲、萧斋，晚年号四水潜夫、弁阳老人、弁阳啸翁、华不注山人，宋末曾任义乌令等职，南宋词人、文学家。祖籍济南，先人因随高宗南渡，流寓吴兴（今浙江湖州），置业于弁山南。宋宝祐(1253～1258)间为义乌县（今属浙江）令。宋亡，入元不仕，隐居弁山。后家业毁于大火，移居杭州癸辛街。

密为南宋末年雅词派领袖，他的词讲求格律，风格在姜夔、吴文英两家之间，与吴文英（梦窗）并称"二窗"。著有《草窗韵语》、《草窗词》、《齐东野语》、《志雅堂杂钞》、《癸辛杂识》、《武林旧事》等，多载当朝史事传闻、杏林轶事、民俗风情，是研究宋代文化史的珍贵索引。

《武林旧事》记载的皆为南宋都城临安的事迹，武林为杭州的别称，故名《武林旧事》。该书内容繁多，主要包括四大部分，一为记叙了南宋都城临安的山水名胜、人文古迹、城郭宫殿、皇家园林。涉及地方史、建筑史、文化史、宗教史等诸多方面。二为记述了南宋的诸多典章制度，如祭祀鬼神、大赦罪犯、检阅军队、科举取士等。三为南宋时民风民俗、传统节日。四为南宋时都城临安的食肆商品、娱乐活动及都民习性。《武林旧事》记述详尽而可靠，对于研究南宋都城的历史文化、民风民俗有重要的史料价值。

仇远

仇远（1247～1326年），字仁近，一字仁父，号山村民，钱塘（今杭州）人。宋咸淳间名士。宋亡，落魄江湖。元大德年间（1297～1307年）为江苏溧阳教授，未几，归隐西湖。工诗词，博雅好古，楷书学欧，行书亦佳。

亦善画，曾为无怀上人作《和靖观梅图》，又出赠莫景行诗文卷，现藏故宫博物院。高彦敬曾为其作画，卷后仇远自题五言古诗一首。诗序谓："大德初元九月十九日，清河张渊甫贰车会高彦敬御史于泉月精舍。酒半，为余作《山村隐居图》。顷刻而成，元气淋漓，天真烂漫，脱去画工笔墨畦町。予方栖迟尘土，无山可耕，展玩此图，为之怅然而已。"殁后葬栖霞岭下。所著有《山村遗集》、《金渊集》、《无弦琴谱》。

周密、仇远、鲜于枢

鲜于枢

鲜于枢（1256～1301年），字伯机，号困学山民，寄直老人，与赵孟頫齐名，同被誉为元代书坛"巨擘"，并称"二妙"、"二杰"。元至元间，曾任浙江省都事，官至太常寺典簿，因热爱西湖山水，寓居杭州，筑霜鹤堂。

由于一生官位都不高，常赋闲家中，鲜于枢得以充分发挥自己的艺术才能，他除具书法专长外，更是一位文学家，写下了许多诗词。他还能作曲，弹得一手好琴，而且精通文物鉴定。正因为有广泛的艺术修养，且将之融合到书法中，鲜于枢方成为书法大家。

鲜于枢早岁学书法，未能如古人，偶于野外看见二人挽车泥淖中，顿有所悟。他写字时多用中锋回腕，笔墨淋漓酣畅，气势雄伟跌宕，酒酣作字奇态横生。他的功力很扎实，悬腕作字，笔力遒健。传世的鲜于枢墨迹有40多件，分楷书、行书、草书三大类，艺术成就以草书为最。其代表作有《老子道德经卷上》、《苏轼海棠诗卷》、《韩愈进学解卷》、《论草书帖》等。

张煌言

张煌言

南明大臣张煌言，字玄著，号苍水，浙江鄞县人。明崇祯十五年（1642年）举人。崇祯十七年李自成领导起义军攻破北京，崇祯皇帝自缢。在南京的明朝大臣拥立福王为帝，这就是历史上的南明。

清顺治二年（1645年）清军攻陷南京，福王被俘。张煌言投笔从戎，组织浙东义军抗清，开始长达9年的抗清生涯。他亲赴台州迎接鲁王朱以海到绍兴监国，建立了南明鲁王政权。

清顺治三年，清朝军队强渡钱塘江，鲁王出逃舟山。张煌言辞别家人，随鲁王来到舟山。鲁王政权失败后，南明永历政权遥封张煌言为兵部尚书，领导在浙江的抗清军队。顺治十六年，郑成功联合张煌言等各部抗清

军队发动反攻。张煌言率兵入皖南，乘胜攻下4府、3州、24县。终因郑成功兵败退出长江，张煌言孤军无援退回浙东海岛。此后又联合其他农民起义军联合抗清。清康熙三年（1664年），张煌言最终兵败，为清军逮捕，送到杭州。

面对清朝廷的多次劝降，张煌言不为所动，始终坚贞不屈。在当年九月初七，张煌言被押赴杭州弼教坊处死。张煌言遥望凤凰山一带，大赞"好景色！"然后慷慨就义。就义后其遗体由好友黄宗羲按其遗愿葬于杭州市郊南屏山麓荔枝湾。

张煌言不畏强暴、忠贞报国的精神，受到了后世的敬仰。100多年后，就连清王朝也因张煌言对明朝的忠贞表现而褒谥"忠烈"。清乾隆、嘉庆、道光、咸丰、同治等年代都对张煌言墓进行过修理，光绪元年，还在墓旁修建了祠堂。

于谦

明代的民族英雄于谦是钱塘（今杭州）人，字廷益，号节庵，明洪武三十一年（1398年）生于杭州，6岁开始在庆春门一带的私塾念书。少年时的于谦就十分仰慕先辈英烈，最为敬仰文天祥。于谦很有才华，他15岁时考取秀才，16岁在杭州吴山三茅观读书时，就写了有名的诗作《石灰吟》：

> 千锤万凿出深山，烈火焚烧若等闲。
>
> 粉身碎骨浑不怕，要留清白在人间。

全诗洋溢着于谦"一寸丹心图报国"的坚贞气节和崇高品德。

于谦23岁中举人，24岁中进士，出任御史，以后历任兵部侍郎，直至兵部尚书，掌管全国军机大权。

明英宗正统十四年（1449）蒙古瓦剌部在酋长也先的带领下，举兵南下，发动了对明朝的战争。明英宗草率亲征，结果大败于土木堡（今河北怀来县），五十万大军全军覆没，英宗被俘，这就是历史上的"土木堡之变"。

消息传到北京，朝野为之震惊。当时投降派主张南迁与议和的论调如同瘟疫盛行。于谦临危不乱、力排众议，反对迁都，针对金兵利用英宗对明朝进行要挟的阴谋，他毅然提出"社稷为重，君为轻"的口号，下令坚决抗战。经过一番紧张的准备，十月初，京师保卫战开始，于谦身先士卒，

于谦

亲临督战，率20万大军列阵九门之外，经过5天激战，击退了瓦剌军，保卫了京城。

后英宗被瓦剌军送回，发动"夺门之变"，夺取了政权，英宗复辟后，以"谋逆罪"将于谦杀害。于谦被害的消息传开后，许多群众为之痛苦，为于谦喊冤。

于谦死后，至明宪宗即位，于谦的冤狱终被平反，其遗体归葬故乡杭州西湖三台山，并建祠堂表彰他的功绩。于谦与同葬在西子湖畔的岳飞、张煌言，在历史上被誉为"湖上三杰"。

田汝成

田汝成（1503 年～1557 年），字叔禾，钱塘（今杭州）人。明嘉靖五年进士。授南京刑部主事等职，后罢官回到故里，游览湖山胜迹，著述良多。《明史》称他："博学、工古文，尤善叙述……时推其博洽。"

归杭后，田汝成绝意仕途，盘桓湖山，遍访浙西名胜，撰成《西湖游览志》二十四卷，《西湖游览志余》二十六卷。这是他在饱览西湖名胜，通谙杭州历史的基础上用生动的文笔写成的。

田汝成

《四库全书总目提要》评述道："是书虽以游览为名，多记湖山之胜，实则关于宋史者为多……因名胜而附以事迹，鸿纤巨细，一一兼赅，非惟可扩见闻，并可以考文献，其体在地志杂史之间。与明人游记徒咏登临，流连光景者不侔。"《西湖游览志》以记西湖山水胜迹为主，对每一名胜古迹详载其兴废沿革，广为收集历代文人骚客歌咏西湖之作，尤以人物的历史掌故最为详核。《西湖游览志余》是在编辑《西湖游览志》过程中搜集的一些超出西湖范围的材料，加以整理而成。它与《游览志》不同的是，从记载山川地理为主转移为记载掌故轶闻为中心。这两部书保存了许多正史所不载的资料，可以弥补正史的阙略，使读者可以看出从南宋到明朝中叶以前杭州的政治、经济、文化和一般社会风貌，是研究杭州地方史的两部重要文献。

杨孟瑛

杨孟瑛，字温甫，四川郫都人，明弘治十六年（1503年）杭州知府。杨孟瑛与白居易、苏东坡一样，因开浚西湖的功绩而名传至今。

杭州西湖大约在南宋末年开始堰塞，元朝时统治者基本不治理西湖，地主豪绅趁机霸占湖面，作为自家的菱田荷荡，苏堤以西的湖面，都变成了桑田荒滩，苏堤六桥之下，只留一线水流。至杨孟瑛做杭州知府时，西湖十分之九被富豪霸占，堰塞相当严重，他下定决心要重新恢复西湖往日的胜景，以《开湖条议》上奏朝廷，要求开浚西湖。他提出的疏浚西湖的理由有五点：第一，加强城西防御；第二，保障全城安全；第三，解决居民饮水；第四，便利官商贸易；第五，灌溉千顷良田。

消息传开后，立即遭到富豪们的反对和抵抗，他们不肯放弃侵占的湖面，不肯迁屋平田，从中作梗。杨孟瑛力排众议，一再请命，五年之后，明武宗终于在明正德三年二月（1508年）批准开工疏浚西湖。

杨孟瑛组织了成千上万的劳力，投入疏浚工程中。这次疏浚，加宽了苏堤，在苏堤上种植柳树，使苏堤景观得以重现；另筑起栖霞岭至南山的长堤，堤上建有"环璧"、"流金"、"卧龙"、"隐秀"、"景行"、"潆源"六桥，人称"里六桥"。杭州人为纪念杨孟瑛疏浚西湖的功绩，把这条堤称为"杨公堤"。

然而工程完成后，第二年，杨孟瑛就遭到参奏，说是浪费官帑，浚湖

无功，被免除了职务。但杭州人民却一直没有忘记他，称他为"苏白以后贤郡守"，杨公浚西湖的故事被世代流传。

周新

周新，明代南海人，字志新。明洪武年间（1368～1398年）入太学学习。授大理寺评事，以善断狱事著称。明成祖朱棣即位，授周新为监察御史。周新敢说敢做，遇见不合法的事情，无论皇亲国戚，都敢弹劾，人称"冷面寒铁"。

杨孟瑛、周新

永乐三年（1405年），周新改任为浙江按察使。在任期间，周新凭借着自己的智慧，破获了很多悬案，受到了浙江百姓的爱戴。周新因为人清正廉洁、刚正不阿，因为得罪了当时锦衣卫指挥使纪纲，被诬告要谋反，朱棣下令将他处死。周新临刑前大呼"生为直臣，死为直鬼"，英勇就义。

周新死后，朝野上下议论纷纷，尤其是江浙一带的百姓都为周新鸣不平，明成祖事后也有所悔悟，为了平息民愤，他不得不承认自己错杀了好人，还说梦见周新已经在杭州当上了城隍老爷，便封周新为浙江都城隍，在吴山立庙。此后，杭州人每逢五月十七周新诞辰日，就在吴山城隍庙举行祭典。历史上吴山上的城隍庙规模甚大，以至于吴山也被称为"城隍山"了。

宋应昌

宋应昌（1536～1606年），字桐冈，明仁和（今杭州）人。历官绛州知府、副都御史、巡抚山东，筹建营卫巡司，加强海防，颇有政声。明万历二十年（1592年），日本丰臣秀吉发动侵朝战争，企图吞并朝鲜，侵略中国。七月攻占朝鲜汉城、开城、平壤等地，朝鲜国王李昖逃到鸭绿江边的义州，向明朝求援。明廷派辽阳副总兵祖承训率兵3000赴朝作战，但出师失利。

宋应昌

明又派宋应昌为经略使，李如松为东征提督，再次进军参战。宋应昌带兵踏冰渡江，二十一年二月六日兵围平壤，堵住三城门，布置铁蒺藜几层。明军英勇善战，在火炮掩护下，登上城楼，经过两天激战，光复平壤。日军焚毙无数，余部30万众在日将平行长带领下逃往釜山。宋应昌乘胜追击，夜烧敌军粮仓13座，使其军饷尽空。宋应昌督师猛追，进击到南原、晋州，迫使日军败退到熊川西生浦，取得了援朝战争的胜利。

宋应昌回国后请求解职回杭，隐居孤山。为表彰他的战功，当时的杭

州政府为他在孩儿巷建立了"经略华夷"大牌坊一座。杭州历史上的文人多不胜举，但在援外抗争上打出国威，大败日寇得胜归朝的只有宋应昌一人。

洪升

洪升（1645～1704年），是清代颇有影响的戏曲作家，字昉思，号稗畦，又号稗村，南屏樵者。明顺治三年生于杭州庆春门附近一个官宦人家。洪升少年时曾在西湖南屏山僧舍读书。

洪升也曾经参加科举考试，但功名不就，生活十分潦倒。但从小爱好文学的洪升，没有停止过他的文学创作。他花了10多年时间，三易其稿，终于完成了《长生殿》这一戏剧史上闻名的作品。《长生殿》相传是洪升在杭州昭庆寺中写成的，是以唐代天宝间安史之乱为背景，演绎了唐明皇李隆基与宠妃杨玉环的爱情故事。《长生殿》完成以后，人们互相传抄，在北京的贵人公馆首先演唱，并成为社会上普

洪升

遍上演的剧目。康熙皇帝曾看了《长生殿》的演出，连连叫好，赐优人白金20两，并向诸亲王推荐，因此在当时清廷的宴会上，常常演出《长生殿》，戏班子也因而受到许多封赏。

清康熙二十八年（1689年）七月，清孝懿皇后病逝，按当时规矩，百日之内不能有娱乐活动，但在皇后死后不到百日的时候，因乐工演出《长生殿》，洪升遭到斥革的处罚，从此难以在京城立足。洪升郁郁回到杭州，在西湖边的孤山筑"稗畦草堂"，虽身在观赏湖山景色的最佳处，但他吟出的诗句常常是充满苦闷情绪。洪升59岁时，曾在杭州吴山再度演出《长生殿》。

康熙四十三年（1704年），洪升应邀到松江、南京等地游览，演出《长生殿》。在从南京回杭州的路上，经过嘉兴乌镇浔溪时，洪升酒后登舟，落水身亡，时年60岁。

洪升生平著作有诗文《稗畦集》、《稗畦续集》；剧作仅有《长生殿》、《四婵娟》传世。

阮元

阮元（1764～1849年），字伯元，号芸台，又号公达，江苏仪征人。阮元在浙江任职先后达12年之久，曾督学浙江，两度出任浙江巡抚。在杭州期间，他带领百姓疏浚西湖、修筑海塘，创办书院、图书馆，建造白文公祠、苏公祠，重修岳庙，组织学者著书立说、整理古籍，各方面都有建树，政绩明显。

清嘉庆二年（1797年），阮元在担任浙江学政时，在西湖孤山南麓建造房屋，组织了一批学者编撰了一部长达106卷的《经籍籑诂》，这是部

专讲古字义的辞书，取材丰富，是我国古书训诂总集。在孤山的这些房子里，阮元创办了在清代有很大影响的书院"诂经精舍"，选有才之士在此肄业。同时聘请著名学者孙星衍、王昶任主讲。书院培养了不少人才，成为当时的人才荟萃之地。

清嘉庆十四年（1809 年），阮元再任浙江巡抚，当时西湖又趋于淤塞，他组织民工，对西湖进行疏浚，并将从湖中挖出的淤泥堆积在湖心亭西北面，形成了一个有 8 亩土地的岛，与湖中的小瀛洲、湖心亭形成三足鼎立之势。后人为纪念阮元，把这个岛称为阮公墩。

阮元博学多才，著作甚多，人们称他为"才通六艺"的一代经师，著有《十三经注疏》等。特别要提出的是他编著的《两浙金石志》，全书 18 卷，全部根据他所搜集的实地调查资料，按时代顺序编排，上起秦汉，下迄元代，每种文字照录，文后附按语，叙述所在地、沿革、尺寸，并做考证，具有重要史料价值，也有一定的学术价值。

阮元、林则徐

林则徐

林则徐（1785 ~ 1850 年），字元抚，一字少穆，福建侯官人，因在虎门销烟，是在中国近代史上有名的民族英雄。他与杭州的关系非常密切：在杭州有不少亲戚朋友，并与龚自珍、张珍皋等交往甚密；在林则徐的一生中，无论上京应试，还是宦游回乡，常常在杭州停留歇息，因此在杭州的山水之间，留下了他的许多足迹；林则徐还在杭州做过官。

清嘉庆二十五年（1820年），林则徐第一次由京官外放，到杭州任杭嘉湖道。清道光二年（1822年），林则徐第二次来杭任职，担任浙江监试官。接着又担任浙江盐运使，政绩明显。道光三年（1823年），林则徐又被派到浙江综办江浙水利事宜。林则徐因禁烟被降级后，又以四品卿衔调浙参军务。

林则徐在杭州为官时间并不算长，但十分用心供职，造福于民，留下了许多为人称道的政绩。

一是修海塘，在林则徐任浙江杭嘉湖道后，勘察所管辖的海塘，对旧海塘进行维修。维修工程后，海塘牢度大大增加，使沿江的百姓有了安全感，生产、生活有了保障。

二是整修名胜古迹，对西湖的建设作出了贡献。林则徐对孤山林和靖墓进行了整修，补种了360株梅树，还重修了林逋祠和梅亭。道光二年（1822年），林则徐入浙监试时，倡议集资整修于谦墓，并亲自撰写了《重修于忠肃公祠墓记》。

三是重视教育。林则徐在杭州任职期间，曾到敷文书院、崇文书院、紫阳书院考察，了解书院的教育情况，并对书院的一些管理制度作了改革，鼓励学生奋发向上。林则徐还在杭嘉湖三郡举行"观风试"，通过考试选拔人才。

陈端生

杭州自古就多才女。清代，杭州又出了一位女诗人陈端生。

陈端生（1751～1796年），钱塘人，家居"柳浪闻莺"附近的"句山樵舍"。她的祖父陈兆伦，官至通政使，同时又是一位文章宗匠，是桐城古文家方苞的弟子。陈端生的父母也是能诗善文。在这样的家庭环境中，陈端生从小就聪明好学，尤善赋诗，被视为才女。

清乾隆三十三年（1768年）秋，18岁的陈端生开始创作七言排律诗《再生缘》。第一年她写成前3卷，后来又花费两年时间完成了16卷，共有60万字。

故事还没写完，但连续的家庭变故使陈端生中止了写作。这一停就是14年。乾隆四十九年（1784年），又继续写了1年时间，但没有完成就搁笔了。当时，陈端生的家境贫寒，自己又病魔缠身，加之父亲去世，独生女夭折，她的丈夫范秋塘因科场案被流放到新疆伊犁。在各种压力之下，她写到17卷就无能为力了。嘉庆元年（1796年），陈端生带着满腹才华，丢下一部尚未完成的巨著，与世长辞，时年46岁。后3卷由女作家梁楚生（名德绳）续补，最后由女作家侯芝修改为80回本印行。

陈端生

《再生缘》描写元代云南才女孟丽君的故事。孟丽君美丽聪明，皇甫少华与刘奎壁都想娶她为妻，两人约定比武决定谁娶孟丽君。比武中，刘奎壁失败，可刘设计谋害皇甫少华全家，又凭着权势，以圣旨名义，要孟丽君嫁给刘奎壁。孟丽君奶奶的女儿映雪乔装成孟丽君，嫁到刘家。新婚之夜映雪杀刘未遂，投湖自尽。被梁鉴所救，认为义女。孟丽君改名邓君玉，女扮男装避难出走。后孟丽君中了状元，梁鉴将其招为女婿，将映雪嫁给她，保住了她女扮男装的秘密。孟丽君官至宰相，把国家治理得井井有条，立下了很大的功劳。有一年，皇甫少华应试，孟丽君主试，皇甫少华中了武状元。孟丽君奏明自己的身份，元帝因她欺君罪，当死，又因她美貌，要逼她为妃。最后孟丽君以自己的机智，化险为夷。

城隍阁二楼回廊瓯塑

城隍阁二楼环绕着巨幅青田石刻图，是三面回廊，回廊壁上以一组瓯塑讲述了有关杭州的历史故事。

开发台湾岛

台湾自古就是中国的领土，早在新石器时代晚期，东南沿海闽浙一带的古越人便渡海去台湾开发。而据现有文献中有关大陆和台湾往来最早最明确的记载，是公元230年的三国时期，吴国皇帝孙权派出万人船队，由将军卫温和诸葛直率领出海，到达夷州（今台湾岛），对台湾岛进行开发和管理。这距离今天已有1770多年了。

孙权（公元182～252年），字仲谋，吴郡富春（今杭州市郊县富阳）人。在东汉末年的群雄割据中，其父孙坚、其兄孙策，据有江南六郡。在父、

开发台湾岛

兄相继伤死后，年仅 18 岁的孙权接替父兄，成为江东最高统治者。孙权雄才大略，知人善任。公元 208 年，他和刘备联合出兵 5 万，共同抵抗号称 83 万之众的曹操军队，在赤壁大败曹军，奠定了三国鼎立的局面。

孙权在着力经营江东之外，又大力向东南地区发展。为开发沿海，孙权派出万人船队向东南方进军，促进了这一带地区的开发和民族融合的发展，这在台湾发展史上，有着重大的意义。

大江风采

钱塘江是浙江的母亲河，它自浙江西南群山蜿蜒千里至东面杭州入海。它不仅造就杭州这个历史悠久风景秀绝的城市，也孕育诞生于斯的灿烂文明。杭州先后有两个王国、王朝在此建都，即公元九世纪的吴越国（公元

大江风采

大禹余杭巡（赴）会稽

907～978年）与十二至十三世纪的南宋王朝（1127～1279年）。由于它们的建都，也使杭州成为中国的七大古都之一。此外，大禹、秦始皇、清康熙、乾隆都到过杭州。历代以来，杭州留下了许多帝王活动的足迹，留下了许多饶有趣味的传说和故事。因此在这一组《大江风采》的壁画中，有选择地介绍了大禹、秦始皇、孙权、钱镠、宋高宗、宋孝宗、清康熙、乾隆的或真实或传说的故事。

"大禹余杭巡（赴）会稽"。这里的"余"是留下的意思，"杭"是指他乘坐的舟。传说中大禹去会稽大会诸侯，商讨治水的办法，把乘坐的舟留在了今天杭州北郊一带。当时那边还是一片汪洋，后来人们把这里称为"禹航"，后讹传为"余杭"。这里是杭州最早的雏形。

　　"始皇东巡留遗迹"。公元前210年，是秦始皇统一中国称帝后的第13个年头，秦始皇开始东巡。那时杭州还尚未成形。今宝石山葛岭前，是钱塘江出海口附近的一片开阔的海湾。与它遥遥相对的今吴山及南部、西部群山，都只是露出水面之上的大小岛屿。秦始皇的"御舟"就停泊在宝石山下，缆绳系在山下一大突起的岩石上。后人就把它称为系揽石。沧海桑田，北宋时系揽石已经升至半山腰，当时的僧人思净，把这块大石头凿成一座巨大的半身佛像，被人称为大佛头。今天登宝石山游玩的人，可以看到这块"秦始皇的缆船石"，据说那石头上还有缆绳的印记。

始皇东巡留遗迹

钱王斥佞保西湖

"钱王斥佞保西湖"。五代时期，吴越国的国王钱镠奉行臣事中原、保境安民、不事纷争的国策。后代的继承者也延续了这一政策，到北宋太平兴国三年（978），钱镠的孙子钱俶主动放弃割据，和平归顺于北宋王朝，使两浙十四州免遭战争的涂炭，因此北宋初期的杭州一跃成为"东南第一州"，繁华程度可与当时京城开封相匹敌。

图中的钱镠正在驳斥一个献媚的方士的建议。有方士说，只要把西湖填了建王城宫殿，钱氏王朝就可以传千年。钱镠严词拒绝了方士的建议，回答说：百姓靠湖为生，无水即无民，无民哪有我王；历史上哪有千年的王朝，有国百年我已心足。他非但没有填湖，还建立了一支队伍"撩湖兵"，负责西湖水域的疏通。正是由于他的明智，西湖才被保留下来。

泥马渡康王

　　"泥马渡康王"。这是《岳飞演义》里的一个故事，讲的是康王赵构奉命去金营当人质，逃归路上发现金兵追来，仓皇间见一白马前来，便不假思索骑上飞逃，前遇大河，白马竟跃河而过，从而摆脱金兵的追捕。康王信马前行，入一庙中，倦极睡去。睡醒之后见马犹在旁侧，细细一看竟是一匹泥塑之马。康王是宋徽宗的第九子，16岁时封王。徽、钦二宗被俘，北宋灭亡。康王经臣下的拥戴，即位称帝，为宋高宗，揭开南宋的前页。画面所表现的正是经众神庇护的康王，骑白马南奔建立南宋王朝的故事。

康熙吴山咏大观

宋高宗赵构在杭州建都后，在杭州的太庙巷旁建白马庙，以纪念这匹让他脱险的泥马。此巷也因名为白马庙巷，巷名一直沿用至今。

"康熙吴山咏大观"。康熙是清朝最有作为的君王之一，他在位期间曾南巡浙江，并在杭州孤山建行宫。康熙南巡时除了处理江南政务、考察官吏的同时，经常泛舟湖上，一览满湖春色。他还游灵隐古寺，造访名山，题匾赐额。当他登上可以汇观江、湖、城、山的杭州最佳观景点吴山时，不禁为杭州十万家烟火的繁荣富庶、为西南群山的蜿蜒叠翠的景色、为西湖秀绝天下的美景、为南面奔腾入海的大江气势所叹服，称道真"大观"也。此后，吴山即以"吴山大观"名列"西湖十八景"了。

宋孝宗砸匾

宋孝宗赵眘是南宋第二个皇帝，宋太祖赵匡胤的第七世孙，七岁入宫成为宋高宗的养子。宋孝宗在绍兴三十二年（1162 年）六月即位，第二个月就宣布平反岳飞冤案。他在位 27 年，五次在杭州亲阅禁军，加强战略，以待再举，也使金国不敢对南宋轻举妄动。二十五年的相对和平，使南宋的经济得以迅速发展，达于全盛。宋孝宗因此也被人称为"中兴英主"。他的个人生活也较简朴，尊重知识；对皇亲国戚则严加管束，还曾亲自下

宋孝宗砸匾

令罢去权势不法的亲家公李道的一切官职。壁画中反映的砸国舅匾一事，正体现了他上述的精神。

据记载，杭州玉皇山旁有凤凰泉亭，亭匾原为南宋爱国诗人绍兴年间状元张孝祥所书。有一天，孝宗偶然行至凤凰泉亭，见亭匾已经换成国舅夏执中所书写的。孝宗大怒，当即命人将夏的匾取下，就地砸毁，又让人立即拿来张孝祥所写的亭匾，重新悬挂于亭中。

夏执中是孝宗继室夏皇后的弟弟，是个极善于阿谀逢迎的人，贵为国舅，地位极其显赫。他原想利用自己的权势，把自己书写的匾换下张孝祥的匾，无非是想借权势来名留千古，结果弄巧成拙，遭到宋孝宗无情的阻止。

乾隆除恶霸

乾隆是清代颇有作为的皇帝，他在位六十年史称"乾隆盛世"，他极喜爱巡视江南，他曾四次南巡，南巡杭州时在杭州建行宫，跑遍了杭州的山山水水。他还为西湖题了十景，如今杭州西湖十景的御碑亭题名，便是他的笔迹。除了这些，在民间还流传着乾隆皇帝微服私访考察民情的故事，壁画中所表现的就是其中之一——乾隆城隍山除恶霸的故事。

乾隆一次南巡杭州时，他化名高天赐投宿于城隍山脚下的王润兴客店，王润兴殷勤服务，伺候周到，乾隆因此也就对王润兴产生了信任。次日，乾隆帝叫王润兴陪他上城隍山游玩，来到茗香楼附近，看到一茶室环境清幽且茶香扑鼻，于是坐下来喝茶，不料被三个一贯在吴山横行的恶霸团团围住，乾隆一面示意王润兴拿他的御扇去城隍山脚下六步桥浙江巡抚衙门报信，一边巧妙地与三名恶霸周旋。王润兴一溜小跑到了衙门，浙江巡抚一见扇子，急速派兵丁上吴山解危除霸。三名恶霸终于得到应有的惩处，

乾隆除恶霸

广大市民也拍手称好。乾隆微服私访，城隍山除霸的故事也不胫而走，在民间广泛流传开来。

一词识柳永

北宋大词人柳永的《望海潮》一词是千百年来无数描写杭州风光诗词中最负盛名的一篇，不仅在当时，直到今日还大有影响。据《鹤林玉露》记载，金主完颜亮听过这首词，"欣然有慕于三秋桂子，十里荷花"的美景，才激起了南侵的决心。

完颜亮毁盟南侵的原因，当然不会仅仅出于柳永一词的影响，但这首词在当时的影响之大，可见一斑。也正是因为这首词使柳永见到了欲见不

一词识柳永

得的故友，在文学史上传为美谈。

据记载，柳永和孙何为布衣之交，孙何出任两浙转运使，驻于杭州，门禁甚严，柳永赴严州任小官时，途经杭州欲见不得，故作《望海潮》一词交于以往相识的歌女楚楚，请其有机会参加转运使的宴庆活动时唱给他听，在中秋那天转运使举行庆宴，楚楚出场唱罢，孙何即问是谁作的歌词，一听出自柳七之手，立即派人将柳永请来与席，共尽故友之欢。

兵围韩王府

这是千百年来发生在吴山脚下最惊心动魄的一场宫廷政变。南宋中期开禧年间的当朝太师、平章军国重事、平原郡王韩侂胄，在他位于吴山支脉宝莲山下的韩王府内为他最宠爱的四姨太"满头花"举行生日庆典，所

兵围韩王府

有依靠他升官的大小官员全都赶来送礼。在欢歌笑语中，韩侂胄丝毫没有察觉危机已经慢慢来临。

韩侂胄是宋高宗遗孀吴皇太后的外甥，又是当朝皇帝韩皇太后的族叔。因为他拥立宋宁宗有功，得以平步青云，他通过发动一场肃清异己的运动，将50余名大臣及支持者定为"伪党"，逐出朝廷，发配到边远地区。他从此独揽大权，朝中大小官员，几乎无不是他的亲信与爪牙。开禧元年，韩为了巩固自己的势力，利用人民的抗金愿望，发动北伐，对金不宣而战。开战小胜，旋即大败，韩只得向金议和。金国要求要先杀韩。

因册立皇后上与韩侂胄有仇的杨皇后得知金国的要求后，急欲报一己之仇，联合皇太子的老师礼部侍郎主和派史弥远等组成反韩阴谋集团，以杨皇后假拟圣旨一举取得禁军司令、殿前司主管公事夏震的同意，派兵包围了韩王府准备刺杀韩太师，韩王府总管周筠最先发现情况有异，但庆典夜韩王观舞兴浓竟不理会周的哭告，最终在凌晨四更，韩太师竟无警惕地更衣入朝，车至六部桥旁既被禁军劫持，由夏震宣旨将韩处死。三日后，宋宁宗才下诏宣布韩的罪行，使韩党顷刻瓦解。

施全刺秦桧

南宋大卖国贼秦桧以"莫须有"的罪名害死抗金名将岳飞后，宋高宗以宋金和议告成，于绍兴十五年（1145年）赐宰相秦桧甲第。秦桧的甲第就在吴山之东望仙桥的东侧，从此，望仙桥就成了秦桧上下朝的必经之路。

普天下爱国军民对这个卖国巨奸充满了刻骨的仇恨。绍兴二十年正月，殿前司小校杭州人施全手持斩马刀埋伏在望仙桥意图行刺秦桧，但刀砍中轿柱让秦桧逃过一劫，当施全想抽刀再砍时已被随从军士擒住。他不幸被

施全刺秦桧

捕后，秦桧亲自审问，他义正词严地斥责秦桧杀害忠良，卖国求荣的罪行。
几天后被斩于市。施全虽死，但他的壮烈之举与悲壮结局，却赢得了杭州
人民长久的崇敬与怀念。吴山下原有忠烈祠，就是祭祀施全的。众安桥十
字路口南，解放初仍有施全庙，据说此地是当年施全就义处。因当时在南
宋不能公开追悼这位正义之士，南宋杭州又有不少兴福庙，以托名"兴福"
来纪念施全。

温日观骂贼

温日观骂贼

温日观是元代西湖边玛瑙寺的和尚，他善画葡萄而留名画史。元初江南佛教总管杨琏真伽和尚在江南到处挖掘坟墓，作恶累累。特别是他盗掘绍兴南宋六陵，激起当时人们的极度愤恨。他在盗挖南宋六陵时，不仅大肆盗掠墓中的金银珍宝，还残暴地把陵中的尸首拉出来示众。他把宋理宗的尸体挂于树上后，割下头颅制作酒碗、残暴至极可以想见。

杨琏真伽因是元世祖在1277年亲自册封的江南释教总统，在杭州骄横跋扈不可一世。当他知温日观是画葡萄出名的丹青高手，便向其索画，温日观对于这个人皆切齿的恶魔，拒不给画。杨琏真伽得知温日观嗜酒，于是又令温日观一起喝酒。温日观来到以后，不但拒不一起喝酒，而且还当面痛骂杨琏真伽为"掘坟之贼"，盛怒之下的杨琏真伽，下令痛打温日观，但温日观不畏强暴，痛打之下仍骂声不绝。

这幅画所表现的正是温日观不畏强权，坚持正义的气节与铮铮铁骨。

怒毁魏阉祠

明末天启年间，明王朝政治极度腐败，明熹宗皇帝昏庸沉湎声色不事朝政，以至于朝中一切大权皆为大宦官太监魏忠贤独揽。是时正值后金在东北崛起，对中原虎视眈眈，国内民族矛盾激化，民不聊生。在这内忧外患的严酷形势下，魏忠贤为控制朝政实施自己阴谋篡权的野心，他不惜大开杀戒，一些忠臣义士被杀被贬，朝野一片恐怖。因他门下爪牙极多，封疆大吏、地方官员如对魏稍有不满，很快就会被魏知道，立即下狱处死。

各地的一些门下死党都纷纷为其修建了豪华的生祠，连一些直省大官为保乌纱帽和升迁，也纷纷效仿建魏的生祠，全国竟一下子出现了23处

之多。浙江巡抚潘汝桢也在岳庙和苏堤间修建了豪华的魏忠贤生祠。当时，全国各地塑造魏忠贤像时不惜巨资，用最昂贵的材料装饰，像身用进口的沉香木雕琢，肠腑内脏皆以金玉珠宝充实，口眼手足精制得可以转动，宛如有生命之人。而当时明朝边陲烽火连天辽东战事更急，死守血战在疆场的将士发不出军饷得不到增援，国库空空大明江山岌岌可危。

怒毁魏阉祠

公元 1627 年，明熹宗朱由校去世，崇祯帝继位。他继位后不久就顺应民心先是将魏忠贤逐出宫廷，旋即又下令逮捕惩治。魏忠贤得知消息后，上吊自杀。其后，魏忠贤被满门抄斩，他的门下走狗都被逮捕法办。崇祯并下令捣毁全国魏忠贤生祠，立即得到了全国上下的热烈响应，无需动员也无须工钱，几千士民文人群起而怒毁魏祠，一代恶魔终得到应有下场。

吴山清韵

吴山是座俗山，山势平缓高不过百米，是西湖群山中唯一的位于市区而又最可亲近的一座山。吴山的故事传说很多很多，就像一个杭州人演示民风民俗的大舞台，那时杭州人及外地来杭的人，几乎没有一个不去吴山的，许多文人、医家、释道都在吴山及周围地区活动，给我们留下了许多雅俗共赏的种种传说与佳话。如画中所出现的稽仁青、徐渭、杨铁崖、李渔等可谓多不胜数。

稽仁青宋代著名的骨伤科医生，善治金疮、骨损，被称为稽接骨。今在吴山下中河上仍有桥名稽接骨桥。

徐渭（1521～1593 年），字文长，浙江山阴人。他是明代的一位很有才华的杰出书画家、文学家。他的绘画风格对后世影响甚远。徐渭有很长一段时间寓居在城隍山城隍庙南侧的火德庙西爽阁，现在城隍山上"江湖汇观亭"亭柱上的"八百里湖山，知是何年图画；十万家烟火，尽归此处楼台"的佳句正是他的杰作。徐渭曾入明抗倭名将、浙江巡抚胡宗宪幕，并为其作《镇海楼记》。

李渔（1611～1679 年），字笠翁，明末清初戏曲理论家，剧作家，小说家，

园林理论家。曾多次乡试不第，从此致力于戏剧、小说创作。家设戏班，常往来于各地达官贵人门下演出。著有《闲情偶寄》、《李笠翁十种曲》、《李笠翁一家言》等。

清康熙十六年（1677年），从江宁（今南京）迁居杭州。他买下了云居山西麓张侍卫的旧宅，重新进行设计，整修。因其园缘山构屋，历阶而上，故名"层园"。层园内"凡门扇、窗牖、匾额、对联皆独具新意，即起居服用之物，亦多异乎寻常"。曾作一联云：

> 繁冗驱人，旧业尽抛尘市里；
>
> 湖山招我，全家移入画图中。

杨铁崖即元末文学家杨维桢，因杨维桢曾居城隍山铁冶岭，故号铁崖（1296～1370年）。元泰定四年（1327年）进士，后历任天台、海盐知县，

吴山清韵—1

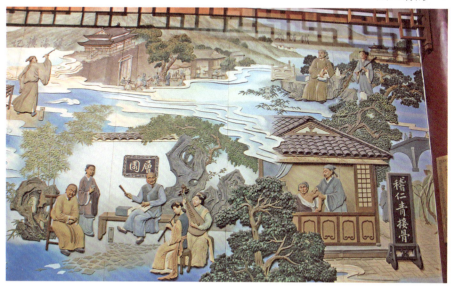

吴山清韵一2

建德路总管府推官。元末，他弃官遍游天下名山胜水。因喜湖上山水之美，便在襟江带湖的城隍山铁冶岭定居下来。植梅、筑楼、积书数万卷，读书其内，自号铁崖道人。时与黄子久，萨都剌诸人酬唱西湖胜景。他也是"西湖竹枝词"的力倡者。

杨铁崖精于音律，擅吹铁笛，自称铁笛道人，常于夜静月明时登吴山吹笛，笛声悠扬，穿云裂石，闻于湖上。

陈洪绶（1596~1652年），号老莲。明末著名画家。明万历三十三年（1605年）他九岁时来杭学画，十四岁卖画，为时杭州一代大家蓝瑛赏识并收为门下。清兵入关后，生活极为潦倒。晚年也寓居火德庙西爽阁，时间虽不长，创作却极为丰富。相传其著名画册《博古叶子》即创作于此。

郭璞，字景纯，东晋著名文学家、训诂家，他是个博学多才，擅长诗赋的文人，曾著有《游仙诗》与《江赋》，并注疏《尔雅》等多种古籍，在永嘉任职时也多有政绩。郭璞在杭州时，也长时期住在吴山，全家皆乐意助人救济穷人。现城隍阁西南下侧有一井，传为郭璞开凿，被称为郭璞井。

胡雪岩助银

杨乃武和小白菜为清末三大奇案之一，在江南早已家喻户晓。

它说的是浙江府余杭县知县的儿子因看到余杭仓前镇的民女小白菜长得楚楚动人，青春美貌，遂起了不良之心，与狗头师爷一起设计圈套，奸污了有夫之妇小白菜。为了达到长期霸占小白菜的目的，又勾结了不法奸商药店老板，下砒霜毒死了小白菜的丈夫。为了掩盖事实真相，逃避法律惩治，又嫁祸于余杭秀才杨乃武。杨乃武拼死上告，但由于余杭知县已买通了杭州知府、浙江巡抚等贪官污吏致使杨乃武身遭种种酷刑，被屈打成招，成为晚清轰动一时的一大冤案。

　　在杨乃武惨遭不白身陷囹圄并被判死刑的时候，杨的姐姐变卖家产四处投诉，但由于官场黑暗，官官相护，不但弄得倾家荡产，而且案情变得更加复杂、严酷，无法昭雪。在走投无路的情况下，杨的姐姐决定冒死去

胡雪岩助银

京城告状。就在杨的姐姐因身无分文无法上京的绝望时，杭州的红顶商人胡雪岩，伸出了援助之手资助银两，使杨的姐姐得以成行。

杨乃武的姐姐历尽艰辛到了北京以后，在浙江籍京官的帮助下，终于能在刑部立案。她滚钉板血流全身，昏厥几次仍不畏死，冒死上告。最终由于清廷上层统治阶级内部的矛盾，终使杨乃武冤案得以平反昭雪。也使在以浙江地区为主的江南，有170多名湘系官僚丢掉了乌纱帽。

纵观城隍阁一、二楼的陈列，可谓大气磅礴、异彩纷呈，既有深厚的文化底蕴，又有丰富的可观赏性，因此我们可以说，城隍阁就是建立在老吴山、老杭州深厚的历史文化积淀之上。

早在宋代，今城隍阁所坐落的吴山金地山即以"金地笙歌"列"吴山八景"之一，为时登高览胜、眺望湖山最佳之处，引无数名人吟诗作赋、抒发情怀。

北宋词人柳永曾登临赏湖山美景，赋有《望海潮》一词，咏尽杭城及西湖美景。

元代著名戏曲家关汉卿晚年曾南下到过杭州。曾登临"千叠翡翠"的吴山，眺望过美丽的西湖。写下了"《南吕·一枝花》杭州景"：

普天下锦绣乡，寰海内风流地。大元朝新附国，亡宋家旧华夷。

水秀山奇，一到处堪游戏，这答儿忒富贵。满城中绣幕风帘，一哄地人烟凑集。

[梁州]百十里街衢整齐，万余家楼阁参差，并无半答儿闲田地。

松轩竹径，药圃花蹊，茶园稻陌，竹坞梅溪。一陀儿一句诗题，行一步扇面屏帏。

关汉卿线刻像

西盐场便似一带琼瑶，吴山色千叠翡翠。兀良望钱塘江万顷玻璃。

更有清溪，绿水，画船儿来往闲游戏。浙江亭紧相对，相对着险岭高峰长怪石，堪羡堪题。

[尾]家家掩映渠流水，楼阁峥嵘出翠微，遥望西湖暮山势。看了这壁，

觑了那壁，纵有丹青下不得笔。

有清一代，康熙皇帝、乾隆皇帝祖孙曾先后数次登临吴山，并留下了多首诗篇：

南眺长江西盼湖，城中陟巘历香衢。宁因玩景赓前韵，曰在观民有本图。

一峰蜿蜒走郡城，众峭攒簇罗天屏。若有若无寻栈升，造极广厦原平陵，何须勒马夸豪情，惟愿兆庶恒安宁。西湖下视如匜待，吾方未暇将观海。

罜罜重临明圣湖，吴山先此陟云衢。万家烟火滋繁庶，足食足衣慎后图。

今城隍阁尚存一方保存完好的昔日乾隆御书"瑞石洞"诗碑："驻辇

《乾隆题瑞石山诗》

143

有余暇，吴山近宜眺。瑞石别一峰，下马喜先到。初犹步仄磴，既乃入幽窍。转折若无路，含蓄益致妙。萝薜绿垂烟，梅柳芳迎曜，岩半有天池。灵物不可钓，密竹护阴森。怪石攒蒨峭，孤鹜讶欲坠，傲睨忽疑笑，攀跻当造顶，全吴归朗照。坐石写韧得，大观更揽要。"

城隍阁建成以来，集观景、休闲、娱乐、餐饮于一体，成为旅游强市杭州的新的风景点和登高览胜之处，吸引了杭州及国内外的大量游人。作为一个特殊的景点，多年以来接待过无数的政府官员、中外友人、文人雅士。江泽民、乔石、李瑞环、田纪云等前党和国家领导人都曾先后登临过此阁，顾毓秀、沈鹏、刘江等诸多著名书法家和社会名人为其书写了匾联。

我们要进一步丰富城隍阁南宋历史文化的内涵，展示有关南宋历史文化最新的发现和研究，对二层的文化陈设进行改造，突出南宋的历史文化，并酝酿推出南宋御宴、南宋歌舞等，力求再次蕴蓄与维持那种悠远的历史文化气息与神韵。努力为杭州打造一个展示南宋文化的重要窗口，则是城隍阁下一步面临的任务。

文明是在不断延续的，由各个时代的人们前仆后继、不断创造、推陈出新才造就了今日杭州及西湖的辉煌。每一个新的景点的推出与打造，都是历史的延续，都凝聚了一代又一代人们对杭州、对西湖刻骨铭心的热爱与依恋。城隍阁是杭州人于新世纪打造的一个文化精品，今日的文化，就是明日的历史和文物。

第三篇　民俗文化与民俗风情

民俗风情是一个很宽泛的概念，它具有群众性、时代性、地域性、传承性、稳定性。故能在历史的长河中始终不会断流，作为中国传统文化的民俗风情，正是往昔岁月留下的痕迹。

"靖康之变"，宋室南渡，定都临安，一时流亡江南的北方士人纷纷云集于此。时南北文化交融，这不仅促进了临安的经济繁荣，也影响了作为都城临安的社会风习，为后世的民俗风情留下了不可磨灭的印记。

自南宋时起，直至近世，吴山一直以其浓墨重彩的民俗风情脍炙人口，是杭人演绎民俗风情的大舞台。自古至今，杭人有能力将思想、文化、宗教在这座山的背景下完美地融合于日常社会生活之中。

历史上庙会、香市、茶事、鸟市等民俗风情可谓异彩纷呈。这种盛况至 20 世纪 50 年代末起逐渐衰微。

本世纪初，随着城隍阁的建成，庙会活动的恢复，让无数老杭州人回味无穷的民俗文化活动得以恢复，重现昔日的辉煌，再次成为杭州人游览休闲的胜地。

任何历史的传承在每一个新的时代都面临着新的问题和具有新的意义，因此我们必须予以新的理解、新的诠释。而历史的传承也是通过不断更新意义来显示自己。吴山的民俗风情在新时代也同样以推陈出新的形式、焕然一新的面貌展现在世人眼前。

香市盛况

明人张岱在他的《陶庵梦忆》"西湖香市"一文中说："西湖香市，起

泼水观音香客（晚上）

于花朝，终于瑞午"。

这种传统一直可以追溯到南宋时。杭州素有"东南佛国"之称，南宋迁都杭州后，历朝皇帝每年正月朔日（元旦）都亲临寺庙拈香礼佛，文武百官也一起随行，祈求风调雨顺，五谷丰登。

自晚清至民国的近百年间，吴山香市是杭城主要的香市之一，其热闹程度可与昭庆寺香市、天竺香市媲美。

这里的原因，一是吴山近在城内，四围居民云集，上山方便，不必出城。二是山上寺观集中遍及释、道、儒三教，可满足不同人群信仰与祈求的需要。

泼水观音香客（白天）

三是吴山地处繁华之地，山下的清河坊、大井巷一带店铺林立，百业俱全。吃、玩、游乐，尤其是购物十分方便。外地来杭的香客、游客，这里都是必到之地，故上吴山烧香成了理想之地。

旧时大年初一到正月十八，上山游玩进香的多半是杭州的本地人，俗称"兜喜神方"，为的是辞旧迎新，以求新的一年的吉利好运。尤以大年初一最盛。杭州人大年初一登吴山是过春节的一大习俗。因为杭城市民多有烧"头香"的习惯，再则农历大年初一乃是佛教一大节日——弥勒佛的生日，故热闹异常，这一习俗沿袭至今犹然。

吴山庙会香客

从正月开始，直至清明前后（即春蚕开匾以前），来自"杭、嘉、湖"，"苏、锡、常"一带蚕乡的蚕农香客，也由"香头"带领，结成浩浩荡荡的队伍，身背香袋，头包布帕、佩戴红花，来吴山"朝山进香"，旧时谓之"烧蚕花蜡烛"，以期当年的春蚕丰收。

这些来自蚕乡的农民，上吴山烧完香后，随即下山在大井巷、清河坊各大字号购物，或是胡庆馀堂、种德堂的道地药材，或是杭州特产：竹篮、竹筷及五杭特产（杭烟、杭剪、杭粉、杭扇、杭线）即宓大昌的烟，张小泉的刀剪，孔凤春的鹅蛋香粉，王星记的扇子，张允升的丝线。以至日用百货，丝线毛线，糕点糖果。

茶事话旧

西湖群山皆产茶，杭人饮茶之风极盛，精于此道者不少，苏东坡守杭时也曾多次亲身领略。南宋时，城内茶肆密布。

吴山的茶事，在清代达到了极盛。这在清人的笔记中多处提及。《清波三志》载："吴山茶肆，如锦春楼、伴香居、第一楼、亦醉居、松风馆，皆有危楼小阁，以凭眺江湖……"。

清人范祖述《杭俗遗风》则称："吴山者，俗称城隍山。城隍庙居山之中，其在右数里许，各神庙咸备焉。对岸系民房，开设茶店甚多，茶则本山为最，饼则蓑衣著名……吴山茶室正对钱江，各庙房头后临湖水，仰观俯察，胜景无穷。大雪初晴之候，或品茗于茶室之内，或饮酒于房头之中，不啻置身琉璃世界矣。"于此可见，吴山昔日也产名茶。以至20世纪80年代，云居山背阴处，仍有茶园一处，据说曾是庙产。品质则是黄芽，想来自是佳品。

　　述茶事最精彩的，还得数吴敬梓在《儒林外史》中的一段描写，即"马二先生吴山品茗"。"马二先生在走着，见茶铺子里一个油头粉面的女人招呼他吃茶，马二先生别转头来就走，到间壁一个茶室泡了一碗茶，看见有卖蓑衣饼的，叫打了十二个钱的饼吃了，略觉有些意思。走上去，一个大庙，甚是巍峨，便是城隍庙……一步步上去走到山冈上，左边望着钱塘江，明明白白。那日江上无风，水平如镜，过江的船，船上有轿子，都看得明白。再走上些，右边又看得见西湖，雷峰一带、湖心亭都望见，那西湖里打鱼船，一个一个如小鸭子浮在水面。马二先生心旷神怡，只管走了上去，又看见一个大庙门前摆着茶桌子卖茶，马二先生两脚酸了，且坐吃茶。"那时每一寺观，都设有茶座，供游人、香客歇足解乏。今日杭州中国茶叶博物馆所藏的直径150厘米的大铜壶，即为吴山旧时遗物，上镌有"吴山张鲁祖师殿"铭文。

　　马二先生吃的蓑衣饼，俗称酥油饼，乃是吴山一大特色名点，为久负盛名历史悠久的茶食。相传当年吴山有一夫妻店，专门出售油炸的酥饼，供游人香客佐茶。一日，时任杭州知州的苏东坡于公务之暇，冒雨登山。他身披蓑衣，持杖而行，登上山后，觉腹中饥饿，便在此店中买些酥饼，解下腰间酒葫芦，坐在花前，以饼下酒。他感到此饼味道香酥可口，一连吃了几只，还即兴唱一绝：

　　　　野炊花前百事无，腰间惟系一葫芦。

　　　　已倾潘子错着水，更觉君家为甚酥。

　　吟罢，他问店家："如此好饼，有何美名？"店家回答说："山野小吃，

哪有什么美名？"东坡见此饼一层层一丝丝，就像自己身上披的蓑衣，便随口说道："既不需雅名，就叫'蓑衣饼'吧。"店家见知州为此饼命名，自是感激不尽。由于"蓑衣饼"与"酥油饼"三字读音相近，后来就被杭人称作"酥油饼"了。清人丁立诚曾有诗记之：

　　　　吴山楼头江湖景，品茶更食酥油饼。

　　　　酥油转音为蓑衣，如人雅号纷品题。

　　酥油饼，饼呈玉色，酥层清晰，脆而不碎，油而不腻，中填以绵白糖，香甜可口，最是佐茶佳品。

伍公山大碗茶

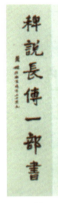

吴敬梓像

吴山酥油饼

旧时，吴山茶事之胜，多是依托山上诸庙，至近世，因寺观大多毁去，茶事也不可同日而语了。2006年，伍公山景区的建成，"大碗茶"火爆一时，人满为患，只是已没有了昔日那种韵味。

庙会大观

吴山庙会曾是湖上规模最大、历时最长的庙会。

昔时，吴山"七十二庙"，各寺观菩萨神灵极为复杂可谓备及"三教九流"。中有历史人物如春秋吴国忠臣伍子胥，明代浙省都城隍"冷面寒铁"周新，南宋谋刺秦桧的小校施全，纪念汪华的汪王庙。儒教的有文昌帝君，仓颉（仓圣寺）；释教的有海会寺、圣水寺、宝月寺、七宝寺、仁寿庵等；道教的有紫阳庵、三仙阁、玄妙观等；有神话传说中的人物，如月下老人、酒仙、龙神庙、风神庙、海神庙、火神庙等；另有外地迁来之庙，有河南迁来的惠应庙，四川迁来之梓橦行祠等。

吴山庙会,四季不断,各有特色。其中以某个菩萨的诞辰为庙会的主题的最多:如观音菩萨的三个生日,农历五月十七的城隍老爷生日等,是时都有庙会。故昔日有"财神会"、"关帝会"、"朱天会"、"观音会"等庙会活动。行会之时,除舞龙舞狮外,还要设供祭祀、搭台演戏,有的还要抬着木雕神像巡游的。这类庙会,以城隍庙、东岳庙最为隆重,最为典型。

其次,每年的端午、立夏等大节日,杭州的各行各业均要上吴山赴庙会,以求生意兴隆,财源茂盛。这种庙会昔日以杭州中药业在药王庙举办庙会

庙会

庙会

最为出名。

　　昔时吴山庙会，除进香拜佛者，山上山下遍布算命的、看相的、测字的摊位。还有卖字画的、演戏的、唱小曲的、变戏法的、耍杂技的、卖花鸟的。也夹杂着一些走江湖的、耍大刀、打拳头卖膏药的。庙会时也常能看到旧时杭州的"吃八担"（即馄饨、粽子、茶叶蛋、甜酒酿、汤圆、葱包烩、方糕条头糕、现炒白果），"用八担"（剃头、修伞、磨剪刀、补锅碗、收鸡毛、卖针线杂货、卖香粉发油、补鞋），皆庙里庙外，沿街设摊。人群熙熙攘攘，称之为"赶庙会"。这种庙会其实是个大集市，在古代没有百货公司的情况下，它起了不可替代的作用，故人们往往是"闻风而去，

满载而归"，盛况空前。

岁月更换、时光流转，吴山庙会如今则以一种崭新的面貌展现在世人面前。

太岁上山

南宋时，每岁立春，临安府都要用泥巴、纸、芦苇制作大春牛送进宫内，因此举是用以迎春和劝农，故称"春牛"。等皇帝驾临，则宦官皆用五色丝彩杖鞭牛，称之"鞭春"、"打春"，以象征春耕要开始了。

时建至德观于吴山，原为"十一曜太岁堂"。元季毁后重建，塑天帝诸岁神，筑阁祀之，俗呼"太岁庙"。于是后世民间则有上太岁庙迎"句芒神"（春神）和"春牛"的祭祀活动。迎神出行时，鸣锣于道，鼓乐齐鸣，鞭炮不绝，"春官"赶"春牛"上山。沿途士女夹道，争掷五谷。所经之处，家家设祀。

句芒民间号为春神。

句芒壁画

春牛上山

晨练风采

杭人自古习武风颇盛，自近世起吴山因地处市中心，山上旧庙基空地不少，便成了习武之人练功授徒之地，其中不乏高人。这种传统一直延续至今。

进入20世纪80年代，吴山成了山下周边市民的晨练中心。从太极拳开始，直至近时的集体舞、迪斯科、交谊舞，且有气功爱好者。山上所有的铺装平台，全被占领，可谓见缝插针。每日数万人上山晨练，蔚为大观。

老城隍山风情组图

老城隍山庙会文化集锦

老城隍山戏曲文化集锦

后　记

　　城隍阁建成已十余年了，城隍阁的建成为吴山的发展带来了蓬勃的生机，如今各个方面的设施已日趋成熟，全面臻于完善，声名远播。

　　城隍阁的建设充分考虑到各个方面的因素，努力做到与山和谐、与湖和谐、与城市街区和谐、与山上山下历史文化遗迹和谐、与古树名木和谐、与杭州的民俗风情和谐。

　　城隍阁的建成为杭城搭建了一个展示南宋历史文化和老杭州民情风俗的平台，为吴山进一步发掘利用南宋历史文化遗迹，更好地融入南宋皇城大遗址保护范围打下了基础。

　　本书在编撰过程中，参考了《武林旧事》、《梦粱录》、《西湖游览志》、《西湖志》、《武林坊巷志》、《西湖渔唱》、《西湖老人繁胜录》、《杭州的考古》等。

编者

2012 年 7 月